Französische Weihnacht

Französische Weihnacht

ERZÄHLUNGEN

GEDICHTE · LIEDER

ARCHE

Herausgegeben von Armand Clair
Umschlag: Maître du Tryptique Morrison,
Vierge entourée d'Anges Musiciens. École d'Anvers
(Musées Royaux des Beaux-Arts de Belgique)

Druck: Clausen & Bosse, Leck
Printed in Germany
ISBN 3-7160-3005-8

Inhalt

Francis Jammes: Vor Weihnachten 7
Pierre Goudelin: Kinder, wie ich höre, soll... 9
Blaise Cendrars:
Weihnachten mit denen aus dem verheissenen Land 11
Jean Cocteau: Verkündigung 14
Frédéric Mistral: Provenzalische Weihnacht 15
Paul Claudel: Epiphaniegesang 21
Charly Clerc: Die Esel des Herrn 25
Francis Jammes: Die Heilige Nacht 33
Fröhliche Hirtin 37
Guy de Maupassant: Weihnachtserzählung 43
Paul Verlaine: Weihnacht 54
François Pezant: Antonius, pass gut auf... 56
Charles-Albert Cingria:
Meine schönste Weihnachtserinnerung 59
Henri Ghéon: Christi Geburt 65
Im Wald des Schmerzes... 66
Marie Noël: Weihnachten des Kamels 69
Théophile Gautier: Weihnacht 84
Alphonse Daudet: Die drei stillen Messen 85
Père Jean de Brébeuf: Jesus ist geboren 100
Henri de Régnier: Das Gold 102
André Theuriet:
Sankt Nikolaus bringt einem eine Frau 105
Frère Serapion: Heute früh, in diesem Viertel... 128
Laurent Roux: Weihnachtslied für Maria 130
Jean Chapelon: Ein Engel spricht zu Maria 132
Ernest Hello: Auf der Suche 133
Barthélemy Aneau: Verkündigung an die Hirten 148

Philippe Bourdonneau:
Maria enthüllt unsern Augen... 149
Guy de Maupassant: Weihnachtsnacht 153
Lucas Le Moigne:
Ein Weihnachtslied, ich bitte euch... 164
Unbekannt: Als die Botschaft wir vernahmen... 167
Alphonse Daudet: In der Heiligen Nacht 171
Henri de Régnier: Die Myrrhe 186
Guy de Maupassant: Dreikönigstag 187
Unbekannt: In dieser Nacht, der sel'gen Nacht... 211
Jehan Chaperon:
In Bethlehem, einer Stadt in Judäa... 213
Mir war, ich hörte einen Engel singen... 217
Jehan Le Povre Moyne: Zwischen Ochs und Esel 219
Kleiner Jesus, Kind Marias... 223
Francis Jammes: Christi Geburt 224
Zwischen dem Esel und dem Öchslein... 225
Statt eines Nachwortes 225
Marguerite de Navarre:
Ein Spiel von der Geburt Christi zu Bethlehem 229

Francis Jammes

VOR WEIHNACHTEN

Durch die Zweige der Zypressen blicke ich zum Monde auf: befreit vom regenschweren Gewölk, gleicht er fast der Sonne. Ich aber scheine, der Eule gleich, mich an solche Zurückgezogenheit gewöhnen zu müssen, um hier mit dem Psalmisten zu seufzen: «Sum sicut nycticorax in domicilio.»

Da höre ich ganz nahe, im Nebenzimmer, den dunkeln, zagenden Ton, wie ihn die Taube an heißen Tagen ausstößt. Bernhardine gurrt.

Wer gab dir diese Stimme, wenn nicht Gott selber, diese andere Taube, die auch im Dezember, ja über der Krippe des Jesuskindes sich vernehmen läßt?

Du kannst noch nicht sprechen und versuchst dich schon, möchtest, o mein Kind, singen können zu deiner ersten Weihnacht.

Das Jesuskind ist dein Bruder.

Du liegst in der Wiege, aber dein Bruder schlief auf dem Stroh. Und die Weisen und Hirten, in deren Herzen große Unruhe war, wurden fröhlich bei seinem Anblick. Vernimm das Glöckchen jenes Lammes, o Bernhardine, das ihm, deinem Gott, die Stirn küßt! Ihm, deinem Gott und Bruder...

Wenn ich mich über dich neige, mein Kind, finde ich in dir die Züge des Eingeborenen Sohnes wieder, der sich herabließ zu deiner Nichtigkeit. Schon gleichst du ihm. Heute noch schreit und weint er nach der Milch, bald aber wird er fähig sein zu kleinen Diensten. Er wird wie du das Brot aus dem Schranke holen und das Nähzeug. Später, wenn du größer bist, führe ich dich in die blauen Berge, gen Lourdes, und zeige ihn dir bei seiner Mutter. Dann hebe ich dich auf meine Arme, damit du deinen König schaust, deinen König und Bruder, zu ihm deine Hände erhebst, die er dir gegeben, und laut bekennst: «Mein Herr und mein Gott!»

Pierre Goudelin

KINDER, WIE ICH HÖRE, SOLL...

Kinder, wie ich höre soll
offen stehn des Himmels Pforte.
Der dazu die Schlüssel hat,
er kam heute Nacht zur Welt
in der ärmsten Scheune.
Freuen wir uns allesamt!
Gott schenket uns das Heil.

Damals, als die Welt erstand,
war so groß er wie sein Vater.
Doch so klein er heute ist,
bleibt er doch, was er gewesen.
Freuen wir uns allesamt...
Oh, wie schön das Kindlein ist!

Wie die Mutter es nun herzet,
zieht Joseph die Mütze und
hält ihm dar die grobe Windel.
Freuen wir uns allesamt...

Hirten werden es hier sehn,
wenn die Nacht hereingebrochen;

auch von fern drei Könige
kommen, um es anzubeten.
Wunderbar wird es dann sein!
Freuen wir uns allesamt . . .

Frieden schenk es uns und euch!
Mög euch unser Lied gefallen.
Und Ihr, Jungfrau, die ihr dieses Kind
bringt zur Welt, erfleht uns seine Gnade.
Freuen wir uns allesamt . . .

Blaise Cendrars

WEIHNACHTEN MIT DENEN AUS DEM VERHEISSENEN LAND

Für Pierre Lazaroff

Es ereignete sich im Jahre 1910, an Bord der *Volturno*, eines Frachtschiffes, das in Libau eine volle Ladung der ärmsten Auswanderer der Welt aufgenommen hatte, um sie nach New York zu bringen; ich befand mich als Dolmetscher unter ihnen.

Die *Volturno* war ein ganz kleines Frachtschiff und hatte nichts von einem Überseedampfer an sich; aber es war ein guter kleiner Kahn, der dem Meer wacker standhielt. Trotzdem konnte man vor Kälte und auch ein wenig vor Hunger fast umkommen.

Das Schiff war vollgestopft mit Armen, mit den Ärmsten aus allen Ecken der asiatischen Länder, mit Sibiriern und Tataren und Georgiern und Persern und Armeniern und Kirgisen und Mohammedanern aus der Petrolgegend und nomadisierenden Buddhisten aus dem Steppengebiet sowie ein paar seltenen Nord-Chinesen, Riesen aus der Mandschurei, und dann mit Juden, einer Menge armer Juden, die aus allen Ghettos Polens kamen und in Gruppen auf Deck sangen, um sich ihre Besorgnis aus dem Sinn zu schlagen und ihre Erwartung der Neuen Welt, des verheißenen Landes, zum Ausdruck zu bringen ...
Die Überfahrt dauerte lang: achtundzwanzig Tage. Denn als Weihnachten näher kam, wurden wir von einem entsetzlichen Sturm überfallen, bei dem die *Volturno* ihre Schiffsschraube verlor. Man hatte die Stückpforten schließen und alle Öffnungen zuriegeln müssen, um die Menschenmenge in den untern Schiffsräumen festzuhalten. Der tanzende Schiffsrumpf der *Volturno* widerhallte vom Klagegeschrei dieser Unglücklichen, die tief im untersten Schiffsraum eingeschlossen waren und um die sich, trotz der wiederholten Schläge, mit denen sie an die Ausgänge der was-

serdichten Schotten hämmerten, niemand kümmerte.

Weihnachten wurde in Neufundland gefeiert, wo wir — um die Schiffsschraube zu ersetzen — in Saint-Johns eine lange Zwischenlandung einschalten mußten. Es war eines der sonderbarsten Weihnachtsfeste meines Lebens, mit all diesen Elendsgefährten, dieser wunderlichen Menge, die in den Schuppen der Hafenunternehmer versammelt waren, wo jeder dem Himmel dafür dankte, daß er den großen Gefahren der Tiefsee entronnen war und das verheißene Land erreicht hatte.

Ein jeder pries seinen Gott und sagte ihm auf seine Weise Dank. Die Parsen taten es, indem sie die Küchenfeuer im Freien dadurch unterhielten, daß sie die Gläser voller Schnaps, die man ihnen servierte, hineingossen. Die Juden standen mit den Hüten auf dem Kopf, wie vor der Klagemauer, den Wellblechwänden der Docks entlang, stießen Seufzer aus, weinten laut und zerrissen den obern Teil ihres Kaftans. Der größte Teil verhielt sich stumm, einfältig vor Entsetzen, aber betend: Gott ist Gott.

Jean Cocteau

VERKÜNDIGUNG

«Jungfer Maria, Ihr seid schwanger»,
sagt der Engel, «und Ihr werdet ohne Gatten
einen Sohn gebären.
Ach, Verzeihung, wenn ich Euch verwirre.»

Die Art und Weise
solche Dinge durch das Fenster zu verkünden,
wundert doch ein wenig die Verlobte,
die den Liebsten gerne kennen möchte.

Der Engel schwindet,
schmilzt wie Schnee dem Überirdischen entgegen.
Leicht errötend, birgt die Kleine schamhaft
nun das Angesicht in ihren Händen.

Frédéric Mistral

PROVENZALISCHE WEIHNACHT

Mein Vater hatte in seinem ganzen Leben bloß drei Bücher gelesen, nämlich das Neue Testament, Die Nachfolge Christi von Thomas a Kempis und den Don Quijote, der ihn an seinen Feldzug in Spanien erinnerte und ihm während der Regenzeit Zerstreuung bot.

«Zu meiner Zeit gab es nur wenige Schulen», erzählte er uns. «Mir hat ein armer Mann, der einmal in der Woche auf die Höfe kam, das Alphabet beigebracht.»

Nach Brauch und Sitte der Familienväter schrieb er sonntags nach der Vesper seine geschäftlichen Angelegenheiten, Rechnungen und Ausgaben, mitsamt seinen Anmerkungen in eine große Agenda, die Cartabèou genannt wurde.

Immer war er zufrieden, wie das Wetter auch sein

mochte, und wenn er die Leute manchmal über den stürmischen Wind oder den sintflutartigen Regen klagen hörte, sagte er: «Ihr guten Leutchen, der da oben weiß recht gut, was er tut und was uns frommt. Wie wäre es denn, wenn der große Wind nicht käme, der die Provence aus der Erstarrung weckt... wer würde dann den Nebel und Dunst über unseren Mooren zerstreuen? Und hätten wir die heftigen Regengüsse nicht, wie würden dann die Zisternen, Brunnen und Bäche gespeist? Ein jedes Ding ist notwendig, meine lieben Kinder.»

Mochte er auch am Wegrand ein Stück Holz auflesen, um es zum Herd zu tragen, mochte er sich auch im bescheidenen Alltag mit Gemüse und Schwarzbrot begnügen und sogar beim Festmahl stets mäßig bleiben und seinen Wein mit Wasser mischen, immer war sein Tisch gedeckt, seine Hand und sein Beutel offen für jeden Armen, der des Weges kam. Wenn von einem Menschen gesprochen wurde, lautete seine erste Frage, ob er ein guter Arbeiter sei, und wurde sie bejaht, so sagte er: «Dann ist er ein braver Mann, und ich bin sein Freund.»

Für meinen Vater, der an den alten Bräuchen festhielt, war der Weihnachtsabend das große Fest. An diesem Tage spannten die Knechte die Ackergäule früher aus als sonst; meine Mutter gab jedem einen in Öl gebackenen, in eine Serviette geschlagenen schönen Fladen, eine Scheibe Mandelnougat, eine Handvoll Feigen, selbstgemachten Schafskäse, Sellerie für Salat und eine Flasche Wein, der im Herbst gekeltert worden war. Die Dienstleute begaben sich dahin und dorthin, ein jeder zu seinem Wohnort, um im eigenen Haus das Weihnachtsscheit anzuzünden. Auf unserem Hof blieben nur die armen Teufel zurück, die keine Familie hatten. Mitunter kamen gegen Abend noch Verwandte, etwa ein alter Junggeselle. «Fröhliche Weihnachten, Gevatter!» riefen sie. «Wir sind gekommen, um das Weihnachtsscheit mit euch zusammen anzuzünden.»

Dann zogen wir gemeinsam frohgemut aus, das Weihnachtsscheit zu holen; es mußte – so wollte es der Brauch – der Stamm eines Obstbaumes sein. Wir trugen es in einer Reihe zum Hof, der Älteste am einen Ende, ich, der Jüngste, am andern. Dreimal machten wir in der Küche mit dem Baumstamm die Runde. Hierauf goß mein Vater vor dem Kamin feierlich ein Glas Wein über das Weihnachtsscheit und sprach:

«Freuet euch, freuet euch,
meine Kinder!
Möge Gott uns Freude schenken!
Mit der Weihnacht wird alles gut:
Gott sei uns gnädig,
Auf daß wir das nächste Jahr erleben,

Und daß wir, wenn auch nicht mehr an Zahl,
So doch nicht weniger sein werden.»

Während wir alle riefen: «Freude, Freude, Freude...» wurde der Baumstamm auf die großen Feuerböcke gelegt, und sobald die erste Flamme emporzüngelte, bekreuzigte sich mein Vater und sagte: «Heiliges Scheit, nähre das Feuer!»

Danach setzten wir uns alle zu Tisch.

Oh, dieses heilige Mahl, wahrhaftig heilig, da die ganze Familie friedlich und glücklich um den Tisch saß. Statt der römischen Lampe, die an einem dicken Schilfrohr hing und uns das ganze Jahr hindurch mit ihrem Öl Helligkeit gab, strahlten an diesem Abend drei Kerzen auf dem Tisch; wenn ihr Docht sich zum einen oder anderen hinneigte, galt es als ein schlimmes Vorzeichen. An beiden Tischenden grünten in einem Teller die Weizenkörner, die wir am Tag der heiligen Barbara, am vierten Dezember, zum Keimen in Wasser gelegt hatten. Feierlich erschienen auf dem weißen Tischtuch nacheinander die Weihnachtsgerichte: Schnecken, die jeder mit einem langen Nagel aus dem Gehäuse hervorholte; gebackener Dorsch und Meeräsche mit Oliven; Artischocken und Sellerie mit Pfeffer; und danach alle die Süßigkeiten, die es nur an diesem Tage gab: in Öl gebackene, flache Kuchen, getrocknete Weinbeeren, Mandelnougat, Bratäpfel und vor allem das große Weihnachtsbrot, von dem nach frommem Brauch nicht gegessen wurde, bevor der erste Arme, der vorbeikam, ein Viertel erhalten hatte.

Bis zur Mitternachtsmesse war der Abend lang, und man erzählte sich am Feuer viel von den Vorfahren und pries ihre Taten. Allmählich, doch wie gern, kam mein Vater dann auf seine Erlebnisse in Spanien zu sprechen und auf die Belagerung von Figueras.

Am Neujahrstag kamen viele Kinder, alte Leute, Frauen und Mädchen, die uns schon am frühen Morgen begrüßten:

«Wir wünschen euch allen ein gutes Jahr,
Meister und Meisterin,
mit so viel Gutem, wie Gott es will.»

«Auch wir wünschen euch ein gutes Jahr», antworteten meine Eltern und überreichten jedem als Neujahrsgeschenk zwei lange Brote und dicke, runde Laibe.

Bei uns war es wie auch in manchen andern Häusern Brauch, am Neujahrstag zwei Backöfen voll Brot an die Armen des Dorfes zu verteilen.

«Und sollte ich hundert Jahre leben,
so will ich hundert Jahre backen,
will hundert Jahre Brot an die Armen verteilen.»

Diese Worte kehrten jeden Abend in dem Gebet wieder, das mein Vater vor dem Schlafengehen sprach. Und bei seiner Beerdigung konnten die Trauergäste sagen:

«So viele Brote er uns gab,
so viele Engel mögen ihn begleiten.
Amen.»

Paul Claudel

EPIPHANIEGESANG

Im Morgengrauen des frischgebackenen Jahrs,
wenn der Rauhreif gläsern knirscht unterm Schritt,
Und blitzend voller Zukunft die Welt erscheint in ihrem Taufhabit,
Beginnt die Furcht des alten Sehnens, nun, da die finstern Monde hinfahren,
Jesus, anhebend, im Licht der Epiphanie sich zu offenbaren.
Und das Harren war lang, doch Balthasar mit den zwei andern
Begann zu spät durch Asien und die Dämonen zu wandern,
Um noch vor Abzug des Advents einzutreffen, und nun ist es gar,
Da sie sich umsehn, schon der sechste im Neuen Jahr!
Endlich steht er still, der Stern, und Maria mit ihrem Gott in den Armen feiert!
Alles Finstere darf man vergessen, weil die Krippe alles erneuert.

Es gilt nur, die Augen aufzutun, den Blick hin zu wagen,
Denn der Sohn Gottes mit uns, er ist da, schon seit zwölf Tagen!

Charly Clerc

DIE ESEL DES HERRN

Wenn es ein Paradies der Tiere geben sollte – ich glaube, sie würden sich dort wohl nur an wenige Ereignisse aus ihrem Leben unten auf Erden erinnern. Vielleicht, weil sie dort weniger Überraschendes erleben als wir Menschen, weniger Kummer, weniger Ärger und weniger Eifersüchteleien. Auch die Herrlichkeit der Natur wird sie wohl nicht übermäßig beeindrucken. Ich meine vor allem die Haustiere – nicht die wilden Tiere, die nach einem abenteuerlichen Leben nun im Frieden ihrer neuen Wohnstätte ihre Jagdzüge in der Erinnerung von neuem erleben; das hastige Schwelgen im frischen Fleisch der Beute, ihre Kämpfe und die Verfolgungen unter Donner und Blitz und unter Wurfspießen und Schüssen.

Aber denken wir noch einmal an jene, die nur wenige Eindrücke im Gedächtnis bewahrt haben würden, an die Esel zum Beispiel. Sie werden Tag für Tag die gleiche Last trockenes Holz getragen haben, lange vor der Mühle gewartet, bis ihr Herr sein Gespräch mit dem Müller beendet hatte, noch länger vor der Schwelle der Schenke, bis eben dieser Herr unzählige Male die gleichen Ansichten geäußert und angehört hatte – Ansichten über die Teuerung, über den Stand der Reben, die abermalige Erhöhung der Steuern –, oder bis der Sohn des Herrn der Dienstmagd Zweideutigkeiten genug gesagt hatte; und alles das in einem Lande, in dem man weder auf dem Hinweg noch auf dem Rückweg ein Abenteuer erleben konnte, sei es den Angriff eines Wolfes oder den Überfall eines Räubers.

Diese Esel, deren Los es zu allen Zeiten gewesen ist, zu warten und zu tragen, zu tragen und zu warten – ich möchte wissen, woran sollten die sich wohl erinnern? Worüber könnten die sich wohl mit diesem oder jenem von ihresgleichen unterhalten, sofern es ihnen in jener anderen Welt möglich sein sollte, sich deutlicher zu verständigen als in dieser?

Und dennoch... dennoch. Ich kenne zwei von ihnen, die im Evangelium einen bescheidenen Platz einnehmen, und es sollte mich wundern, wenn die nichts zu erzählen wüßten. Ich könnte mir sogar vorstellen, daß sie dazu neigen, fortwährend die gleiche Geschichte zu wiederholen und den andern Eseln, den Maultieren und den kleinen Schlachtpferden aus alter Zeit etwas zu erzählen, was die schon in allen Einzelheiten kennen, aber womit sie dennoch recht zufrieden sind, weil eben zwei unter ihnen es übernommen haben, für ein bißchen Unterhaltung zu sorgen.

Der eine Esel ist einst bei Tag und bei Nacht marschiert, wohl wenigstens eine Woche lang. Der andere ist an der Spitze eines Festzuges geschritten, vielleicht nur eine halbe Stunde lang, aber dabei ist er auf Tücher, Blumen und Palmenzweige getreten. Eine Erinnerung an äußerste Müdigkeit; eine Erinnerung an höchsten Triumph. Im Eifer, sich immer aufs neue wichtig zu machen, fällt der eine, versteht sich, beständig dem andern ins Wort, und natürlich vergilt ihm der andere mit gleicher Münze.

Aber hört sie lieber selbst, die beiden:

Der Esel von der Flucht nach Ägypten:

Mein Herr hat sich nur schwer entschließen können, mich für eine so lange Reise abzutreten. Esel einer Herberge zu sein – ihr wißt, was das auf sich hat: man braucht ihn jeden Augenblick, mal für das Gepäck, mal für die Feldfrüchte, die Weinkrüge, für eine bejahrte vornehme Frau, die heimgeleitet werden soll, und so weiter. Er hat niemals Ruhe.

Der Esel vom Palmsonntag:

Was mich angeht – mich hatte man bis dahin in Frieden gelassen. Für alles kam meine Mutter auf. Ich hatte ein- oder zweimal kleine Kinder getragen, aber die kleinen Kinder, die wiegen ja gar nichts. Und bewegt man nur einmal ein wenig seine Ohren, dann bekommen sie es gleich mit der Angst.

Der Esel von der Flucht:

So ein Esel der Reichen – der kennt das Leben nicht. – Mein Herr konnte sich nicht recht entschließen. Es ging um das schnöde Geld.

Der vom Palmsonntag:

Als sie mich holen kamen, war von Geld keine Rede.

Der von der Flucht:

Das schnöde Geld – das besaßen sie wohl nicht, jene Leute damals. Bloß kleine Schreine aus Gold, die sie geschenkt bekommen hatten. Es endete damit, daß mein Herr sagte, er werde diese Sachen als Pfand behalten. Der Handwerker und seine Frau, die fragten nicht danach, ob das alles etwa so viel wert sei wie ein alter Esel. Für sie ging es darum, ihren Kleinen zu retten, den sie Jesus nannten. Ich für mein Teil aber dachte so im stillen: «Ein Armer mehr oder weniger – was macht das schon aus?»

Der vom Palmsonntag:

Ich will dir etwas sagen: der erste beste war es aber auch nicht, der mich damals haben wollte!

Der von der Flucht:

Na, da wundert's mich, daß er dir nicht ein edles Pferd vorgezogen hat... Aber wo war ich doch gleich...? Ja, also, es ging darum, ihren Kleinen zu retten. Mich traben zu lassen, versteht sich. Die Sonne war noch nicht aufgegangen, da waren wir schon in der Wüste. Nicht daß der Handwerker mir auch nur einen einzigen Stockhieb gegeben hätte, nein, er war gut gegen Tiere.

Der vom Palmsonntag:

Die Leute, die mich wegführten... auch keinen einzigen Hieb, kein grobes Wort. Ich schwöre dir: wie einen Menschen haben sie mich behandelt!

Der von der Flucht:

So etwas von einem Reiche-Manns-Esel! – Daß wir so schnell vorwärtskamen, lag übrigens daran, daß meine armen Schlucker einen Begleiter hatten, eine Art geflügelten Führer, der bald erschien, bald verschwand, bald wiederkam; und wenn er mich mit seinem Palmenzweig berührte, dann fühlte ich meine Füße kaum ... Ich trabte und trabte...

Der vom Palmsonntag:

Aber wir, wir brauchten vom Flecken bis zur Stadt nicht viel mehr als eine halbe Stunde. Ein geflügelter Führer – ich weiß nicht, was wir mit dem hätten anfangen sollen! Zwischen zwei Reihen Neugieriger war unser Weg wie vorgezeichnet.

Der von der Flucht:

Ich – ich trabte und trabte... Ja, jedenfalls am ersten Tag, und die Hälfte des zweiten. Aber ein Engel kann einem noch so gut den Weg zeigen – den Wind hindert das nicht, dir Sand in die Augen zu pusten. Da sind mir die Fliegen doch noch lieber.

Der vom Palmsonntag:

Wir – wir hatten weder Sand noch Wind noch Fliegen!

Der von der Flucht:

Hör einer den an! In allem hat er Glück gehabt! Dafür aber hat unsereiner ungewöhnliche Dinge gesehen. An dem Tage, da es am allerheißesten war, da sagte die junge Mutter: «Wenn ich nichts bekomme, womit ich meinen Durst stillen könnte – wie soll ich da den Kleinen nähren?» Der Handwerker blickte ganz traurig drein. Unser Führer aber lächelte. Er schritt dicht neben mir, genau auf dem linken Ohr meines Schattens. Und da konnte man plötzlich, gerade vor uns, sehen, wie zwei Dattelpalmen sich zur Erde neigten, ganz sachte, zur Rechten und zur Linken. Sie bekam so viele Früchte, wie sie nur wollte, die junge Frau. Bäume, die sich herabneigten – so etwas hast du wohl noch nie gesehen, oder?

Der vom Palmsonntag:

Das bildest du dir nur ein! Gerade in dem Augenblick, als sie dem Sohn Davids zujubelten – denn diesen Namen gaben sie dem König, den ich trug –, da sah man zu beiden Seiten des Weges die Palmen sich neigen unter ganzen Trauben von Gassenjungen, die hinaufgeklettert waren.

Der von der Flucht:

Schon möglich. Aber das ist kein Wunder, das geschieht allemal, wenn ein Festzug vorüberzieht.

Der vom Palmsonntag:

Kein Wunder, sagst du...? Wenn Tausende von Leuten ihre besten Kleider ausziehen, damit der Weg für die Schritte des Reittiers, das einen Herrscher trägt, gelinder sei? Kleider, Teppiche, seidene Tücher in Mengen...!

Der von der Flucht:

Waren nicht weicher als der Sand, alle diese Kleider.

Der vom Palmsonntag:

Freilich, aber wenn man weiß, was alles das kostet, und wie die Leute daran hängen! – Schade nur, daß es so schnell vorbei war mit diesem Einzug in die Stadt!

Der von der Flucht:

Schade, daß unsere Reise so lang war. Bis nach Ägypten... Freilich, dort drüben hat es eine Ruhezeit gegeben, man war sehr gut zu mir, zu gut... Ich sagte mir: «Sie tun's, damit ich keine Angst vor der Heimkehr hätte.» Wenn die Leute gar zu gut für ihren Esel sorgen, dann muß der mißtrauisch werden. Ich fing an, Fett anzusetzen. Auf der Rückreise war die Mutter ein wenig schwerer geworden, das Kind auch. Und der Handwerker wollte, daß es schneller gehe als auf dem Hinweg. Geschlagen hat er mich nicht, aber ich spürte, daß er es eilig hatte, sein Land wiederzusehen, sein Handwerkszeug und alles übrige. Der Führer, der erschien nur von Zeit zu Zeit, um sich zu überzeugen, ob alles gut ginge... Ich aber, ich hatte so im Gefühl, daß ich weder die Herberge noch den Wirt jemals wiedersehen würde. Mir lag auch nicht viel daran, sie wiederzusehn. Als ich den Tod kommen fühlte, da waren wir wohl schon in der Nähe des Dorfes angelangt. Um so besser, dachte ich bei mir. Im gleichen Augenblick war der geflügelte Führer da. Ich fühlte gerade noch, wie er mich mit seinem Palmenzweig liebkoste. Und ich bemühte mich, so zu Boden zu sinken, daß niemand Schaden dabei nähme. Wenn man zu dienen gewohnt ist, mußt du wissen, dann hat man auch gelernt, an andere zu denken... Aber du? Ich erinnere mich nicht, wie du gestorben bist. In einem schönen, warmen Stalle wahrscheinlich, oder...?

Der vom Palmsonntag:

Nichts davon! Ich habe dir doch schon hundertmal gesagt, daß ich mit der Zeit auch ein Herbergs-Esel geworden bin, ich auch. Am Wegrand gefallen, genau wie du. Aber niemand war da, der mich mit einem Palmenzweig gestreichelt hätte... Als ich den Tod kommen fühlte, da erinnerte ich mich noch einmal an den Festzug, an alle die Hosiannah-Rufe, die erschollen waren, an die Gewänder, die den Weg gelinde gemacht hatten...

Der von der Flucht:

Also gestorben wie ein Reiche-Manns-Esel, natürlich! Oder willst du vielleicht das Gegenteil behaupten? Ich – ich habe nicht einmal Zeit gehabt, mich an irgend etwas Schönes zu erinnern. Doch, allerdings: an die beiden Dattelpalmen, die sich über den Kleinen geneigt hatten, und an seine Mutter, die gefragt hatte, ob auch ich Datteln gerne möchte... Was mag später wohl aus jenem Jesus geworden sein, der damals unbedingt gerettet werden mußte?

Der vom Palmsonntag:

Und aus jenem König, dem «Sohne Davids», kann man sich fragen...

Der von der Flucht:

Vielleicht sind sie ganz einsam gestorben, wer weiß...! Vielleicht gestorben an irgendeinem öden Ort, bei hereinbrechender Nacht, so wie wir beide...

Der vom Palmsonntag:

Um dann im Paradies der Menschen zu erwachen. Denn solch ein Paradies muß es wohl auch geben?

Der von der Flucht:

Schon möglich...

Francis Jammes

DIE HEILIGE NACHT

Deine erste Weihnacht ist vorüber. Die Sternbilder zuckten durch die Mitternacht her und hin wie verborgene Goldkäfer. Und das Herz deiner Mutter und das meine waren voll Weihrauchduft. Da hörte ich im Dunklen etwas wie ein frommes Spinnrad tönen: «Gloria in excelsis Deo et in terra pax hominibus bonae voluntatis . . .» War's das Rad einer Heiligen, das mit seinem Geschnurr die uralten Wechselgesänge der Hirten begleitete? — Nein, es war der liebliche Hauch deines Schlummeratems, o Bernhardine! Allmählich dann ward der Himmel eine schöne Weide, und dein Atem stieg zu ihr empor und vermischte sich

mit dem der Engel. Und die Schafe der Hirten saßen hier und hoben ihre Pfoten, zweie, so gut es ging, und beteten an. Sie sprangen davon, um die Lämmer Gottes zu grüßen, kehrten danach zur Erde zurück und zogen ihres Weges zur Krippe im Stall. Und das Diadem des Mohrenkönigs erglänzte dort unter dem Stern. Und unzählige Tritte zeichneten sich ab im Schnee, die Spuren aller, die ohne Ende sangen: «Laudamus te, benedicimus te, adoramus te, glorificamus te . . .» und dazu die Schritte der Kamele und die Schritte der kleinen Vögel auch. Unter ihnen gab's drei Sperlinge. Vater, Mutter und Sohn, die rasteten bisweilen und grüßten die Welt, die ihnen soviel größer schien als ihre leere Landstraße daheim.
Und dann sah ich, oh, eine liebe Fußspur hier eingegraben auf der Schwelle des Stalles! Deine war's, Bernhardine, und dein Herz wohl hatte diesen Abdruck dorthin gesandt, da du selbst ja noch nicht gehen kannst. Und während dein göttlicher Bruder, vier Monate jünger als du, zwischen der Jungfrau und dem Zimmermann schlief, war es mir, als wachtest du da bei ihm und sängst ihm das Lied deines Schlummeratems.

Volkslied

FRÖHLICHE HIRTIN...

Fröhliche Hirtin,
hast den Ton du gehört,
die liebliche Botschaft
des Engelgesanges?
Noch sind meine Sinne
vor Freude entrückt,
noch fühl' ich im Herzen
das zärtliche Wort.

Gott! Welche Töne!
Welch ein neu Instrument!
Nie hab' ich den Hänfling
und nie die Nachtigallen
im heiteren Frühling
so singen gehört,
daß mich ihre Lieder
so innig entzückt.

Nie darf der Hirte
sich rühmen der Kunst,
die ihm ward gegeben
so herzhaft zu singen.
Sein anmutig Liedchen
verheißet uns wohl,
daß bald uns erwartet
ein herrliches Glück.

«Ehre sei», ruft er,
«dem mächtigsten Gott
und Frieden den Menschen,
die guten Willens,
denn uns ist der Heiland
geboren – ein Kind,
das über den wilden
Wolf triumphiert.

Dieses Geheimnis
erfasse ich nicht,
daß Gott einst hienieden
so arm ward geboren.
O Demut, zu groß
für solch einen Gott,
wenn das, was ich hörte,
Wirklichkeit ward.

Statt eines Schlosses
erwählte er sich
nur einen geringen
und kärglich gedeckten
armseligen Stall,
von stürmischen Winden
und wilden Wettern
durchbraust überall.

Auch eine Hirtin
von niedrigstem Stand
wäre als Mutter
im Herzen erschüttert,
erblick't sie ihr eben
geborenes Kind
nur von einem Ochsen
und Esel bewacht.

Auf einer Schütte
von trockenem Stroh,
ohne ein Fetzchen
von Samt oder Seide,
in einer Windel
so könnt ihr es sehn.
Die Krippe, sie dienet
als Wiege dem Kind.

Komm, kleine Hirtin,
das liebliche Kind,
den neuen König,
ihn wollen wir schauen.
So wandern wir mutig
durch diesen Wald,
zu finden den König,
der Könige Herr.

VOLKSLIED

Aus meiner Herde
bekommt er ein Lamm.
O Hirtin, liebste,
geh, wähle das schönste,
wir wollen großherzig
besuchen das Kind,
in Linnen es wickeln
weißschimmernd und rein.

Aus Freude will ich
ihm singen zum Preis
viel frohe Lieder,
die leicht ich erfinde.
Von Weihnachtsgesängen
erschalle die Luft,
wohin mich auch führe
die süße Schalmei.

Ach, daß er uns liebte,
von Herzen und rein,
und wir ihn desgleichen,
dann ging' alles besser.
O möge uns dieser
so schöne Dauphin
den Freunden vereinen
im ewigen Licht.
Amen Weihnacht.

(Le Mans 1579)

Guy de Maupassant

WEIHNACHTSERZÄHLUNG

Doktor Bonenfant suchte in seinem Gedächtnis; immer wieder murmelte er vor sich hin: «Eine Weihnachtserinnerung? ... Eine Weihnachtserinnerung?...»

«Ach ja, natürlich habe ich eine, und zwar eine recht merkwürdige, sogar eine phantastische Geschichte. Ich habe ein Wunder erlebt, jawohl, meine Damen, in der Weihnachtsnacht habe ich ein wirkliches Wunder gesehen.»

«Sie sind wohl erstaunt, mich, der ich an gar nichts glaube, so reden zu hören, und dennoch habe ich ein Wunder gesehen. Ich habe es mit meinen eigenen Augen gesehen, wahrhaftig gesehen. Ob es mich bestürzte? Gar nicht; denn wenn ich auch euren religiösen Glaubenslehren kein Vertrauen schenke, so glaube ich doch an den Glauben, und ich weiß, daß er Berge zu versetzen vermag. Ich könnte viele Beispiele nennen, aber ihr würdet euch nur darüber entrüsten, ich jedoch könnte mich bloßstellen und so die Wirkung meiner Geschichte verringern.

Vorerst möchte ich nur gestehen, daß ich von dem, was ich gesehen, wenn auch nicht völlig überzeugt oder bekehrt, doch sehr ergriffen war. Ich will daher versuchen, die Sache so naiv zu schildern, als wäre ich ein Auvergnat.

Ich war damals Landarzt und wohnte in dem Städtchen Rolleville mitten in der Normandie.

Der Winter war in diesem Jahre bitterkalt. Schon Mitte November, nach einer Woche Frostwetter, begann es zu schneien; von weitem schon sah man die schweren Wolken von Norden her kommen. Dann begann der weiße Flockenfall.

In einer einzigen Nacht wurde die ganze Ebene unter dem Schnee begraben.

Die einsamen Meiereien in ihren viereckigen Höfen hinter dem Vorhang der großen, reifbestäubten Bäume, schienen einzuschlummern unter dem dichten und doch so leichten Schaum. Kein Laut störte das reglose Land. Scharen von Raben nur zogen in Girlanden am Himmel hin, spähten umsonst nach Nahrung und stürzten schließlich allesamt nieder auf die fahlen Felder, um mit ihren großen Schnäbeln den Schnee aufzupicken. Nichts war zu hören als das duftige, unaufhörliche Gleiten dieses immerwährend fallenden Staubes. Es dauerte drei volle Tage, dann hielt die Lawine an. Ein fünf Fuß dicker Mantel breitete sich über den Rücken der Erde.

Drei Wochen lang erstrahlte nun über der leuchtenden Schneedecke ein Himmel, der tagsüber rein war wie ein blauer Kristall, nachts indes voller Sterne, die wie Rauhreif glitzerten, so erstarrt war der unendliche Raum.

Die Ebene, die Hecken, die Ulmen der Gehege, alles war wie tot, vom Frost vernichtet. Weder Menschen noch Tiere wagten sich mehr ins Freie. Nur die Kamine der Hütten in ihrem weißen Kalkbewurf verrieten das geheime Leben durch die dünnen Rauchfäden, die kerzengerade in die eisige Luft emporstiegen.

Von Zeit zu Zeit vernahm man in den Bäumen ein Krachen, als brächen ihre Glieder unter der Rinde; zuweilen löste sich ein dicker Ast und fiel zur Erde; der unüberwindliche Frost ließ ihren Lebenssaft erstarren und brach ihre Fibern.

Die Behausungen da und dort in den Feldern schienen meilenweit voneinander entfernt. Man lebte wie man eben konnte. Ich allein versuchte ab und zu noch, meine nächsten Patienten zu sehen, wobei ich mich immer wieder der Gefahr aussetzte, in irgendeiner Grube zu versinken. – Ich merkte bald, daß ein geheimnisvolles Grauen über dem Lande schwebte. Eine solche Plage, dachte man, sei etwas Unnatürliches. Man behauptete, in der Nacht Stimmen, gellendes Pfeifen und verwehende Schreie zu hören. Aber diese Schreie und dieses Pfeifen kamen zweifellos von den Zugvögeln her, die in der Dämmerung reisen, und die in Schwärmen gen Süden flohen.

Aber versucht einmal, verstörte Menschen zur Vernunft zu bringen. Eine jähe Angst befiel die Leute, und man erwartete ein ungewöhnliches Ereignis.

Die Schmiede Père Vatinels lag an der großen Landstraße, am Ende des Weilers Epivent; jetzt war sie unsichtbar und verlassen. Nun, da die Leute ohne Brot waren, beschloß der Schmied, ins Dorf zu gehen. Er verweilte einen Augenblick plaudernd in den sechs Häusern, die das Herz des Dorfes bildeten, nahm sein Brot, die Neuigkeiten und auch ein wenig von jener Furcht mit, die über dem Lande schwebte.

Vor Einbruch der Nacht machte er sich auf den Weg.

Plötzlich, als er so einer Hecke entlang wanderte, vermeinte er im Schnee ein Ei zu erblicken. Ja, da lag ein Ei, weiß wie seine Umwelt. Er bückte sich; es war wahrhaftig ein Ei. Woher kam es? Was für eine Henne hatte den Hühnerhof verlassen, um an dieser Stätte ein Ei zu legen? Der Schmied staunte, er verstand nichts; aber er hob das Ei auf und brachte es seiner Frau.

«Da, Meisterin, da hast du ein Ei, das ich auf der Landstraße gefunden habe!»

Die Frau schüttelte den Kopf:

«Ein Ei? Auf der Landstraße? Bei diesem Wetter? Du hast wohl einen Rausch!»

«Nein, Meisterin, nein, es lag sogar unter einer Hecke und war noch warm, gar nicht eisig. Nun ja, ich legte es mir an die Brust, daß es nicht erkalte; kannst es zum Abendbrot essen.»

Man ließ das Ei sorgfältig in den Topf gleiten, in dem die Suppe sachte brodelte, und der Schmied begann von den Gerüchten zu erzählen, die in der Gegend umgingen.

Die Frau lauschte, sie war ganz bleich.

«Gewiß, auch ich habe letzte Nacht dieses Pfeifen gehört, es schien mir sogar aus dem Kamin zu kommen.»

Man setzte sich zu Tische; zuerst aß man die Suppe. Erst, als der Mann die Butter aufs Brot strich, nahm die Frau das Ei aus dem Topf und betrachtete es mißtrauisch.

«Und wenn etwas in dem Ei wäre?»

«Nun, was sollte schon drin sein?»

«Was weiß ich denn?»

«Bah, sei keine Gans, iß es.»

Sie schälte das Ei. Es war wie alle Eier und sehr frisch. Zögernd fing sie an zu essen; sie kostete es, ließ es wieder liegen und begann von neuem. Der Gatte sagte:

«Na, wie schmeckt es dir, dieses Ei?»

Sie antwortete nicht und schluckte den Rest hinunter. Plötzlich aber starrte sie ihren Mann mit stechenden, verstörten Augen an. Sie warf die Arme in die Luft, rang sie, und vom Kopf bis zu den Füßen verkrampft, fiel sie unter entsetzlichem Schreien zu Boden. Die ganze Nacht lag sie in grauenhaften Krämpfen, geschüttelt von entsetzlichen Zuckungen, entstellt durch scheußliche Verzerrungen. Machtlos, sie festzuhalten, war der Schmied gezwungen, sie zu binden. Unausgesetzt, unermüdlich heulte sie:

«Ich habe ihn im Leibe, ich habe ihn im Leib!»

Am nächsten Morgen wurde ich geholt und verordnete alle mir bekannten Beruhigungsmittel – umsonst. Sie war verrückt.

Dann lief mit unglaublicher Geschwindigkeit – trotz der behindernden Schneemassen – die Nachricht, eine seltsame Nachricht, von Hof zu Hof: «Die Frau des Schmieds ist besessen.» Nun strömten die Leute von überall herbei, doch niemand wagte, das Haus zu betreten. Von ferne lauschte man den wilden Schreien, die mit so lauter Stimme ausgestoßen wurden, als kämen sie nicht aus der Kehle eines menschlichen Geschöpfes.

Der Pfarrer des Dorfes wurde benachrichtigt. Es war ein alter, naiver Priester. Er lief in seinem Chorhemd herbei, als wollte er einem Sterbenden die letzte Ölung bringen. Die Hände ausbreitend, sprach er die Exorzismus-Formeln, indes vier Männer die auf ihrem Bett sich windende, schäumende Frau festhielten.

Doch der Geist wurde nicht ausgetrieben.

Es wurde Weihnachten, ohne daß sich das Wetter geändert hätte. Am Morgen des Heiligen Abends kam der Priester zu mir.

«Ich möchte», sagte er, «die Unselige an der heiligen Messe dieser Nacht teilnehmen lassen. Vielleicht läßt Gott ein Wunder geschehen in der Stunde, da Er selbst von einem Weibe geboren wurde.»

Ich erwiderte dem Priester:

«Sie haben unbedingt recht, Herr Pfarrer; wenn ihre Seele von der Zeremonie ergriffen wird (und nichts wird sie mehr erschüttern), so ist es wohl möglich, sie ohne andere Arznei zu retten.»

Der alte Priester sagte leise:

«Sie sind kein gläubiger Mensch, Doktor, aber Sie helfen mir doch, nicht wahr? Sie nehmen es auf sich, die Frau herzubringen?»

Ich versprach ihm meine Hilfe.

Der Abend kam, es kam die Nacht, und die Kirchenglocke begann zu läuten. Klagend hallte ihre Stimme durch die düstere Landschaft, über die unter dem vereisten Schnee sich weithin dehnende Ebene.

Dem ehernen Klange folgend, nahten in Gruppen schwarzgekleidete Wesen. Mit hartem, fahlem Schein erhellte der Vollmond den Horizont, und sichtbarer wurde die öde Verlassenheit der Felder.

Mit vier kräftigen Männern begab ich mich zur Schmiede.

Die auf ihrem Lager festgebundene Besessene heulte immer noch. Trotz ihrem verzweifelten Widerstand wurde sie sauber angezogen und fortgebracht.

Die Kirche, nun voller Menschen, war erleuchtet und kalt. Die Vorsänger ließen ihren monotonen Sang ertönen, die Gemeinde schnarchte, das Glöckchen des Chorknaben klingelte und leitete die Gebärden der Gläubigen.

Ich schloß die Frau und ihre Wächter in die Küche des Pfarrhauses ein und wartete auf einen günstigen Augenblick.

Ich wählte den Moment nach der Kommunion. Alle Bauern, Männer und Weiber, hatten ihren Gott empfangen, um seine Strenge zu rühren. Tiefe Stille herrschte, während der Priester die heilige Handlung vollzog.

Auf meinen Befehl wurde die Türe geöffnet und meine vier Helfer brachten die Irre in die Kirche.

Kaum erblickte sie die Kerzen, die kniende Menge, den Chor im Lichtglanz und das goldene Tabernakel, sträubte sie sich mit solcher Heftigkeit, daß sie uns zu entkommen drohte. Sie stieß ein so gellendes Jammergeschrei aus, daß ein Schauer des Schreckens durch die Kirche flog. Alle Köpfe hoben sich, und viele Leute flüchteten hinaus ins Freie. Sie sah nicht mehr aus wie eine Frau. Sie wand und krümmte sich in unseren Händen, das Gesicht entstellt, die Augen irr. Man schleppte sie auf die Stufen des Altars, auf denen sie in kauernder Stellung festgehalten wurde.

Der Priester hatte sich erhoben; er wartete. Als er sie so festgehalten sah, nahm er die Monstranz in ihrem goldenen Strahlenkranz, mit der weißen Hostie inmitten, trat einige Schritte näher, hob sie mit gestreckten Armen über sein Haupt empor und zeigte sie den verstörten Augen der Besessenen.

Sie heulte unaufhörlich, das Auge starr auf den strahlenden Gegenstand gerichtet.

Der Priester verharrte so regungslos, daß man ihn für eine Statue hätte halten können. Das dauerte lange, sehr lange.

Die Frau war wie von Angst gepackt, wie fasziniert. Unentwegt starrte sie auf die Monstranz, immer noch von schrecklichen, aber vorübergehenden Zuckungen geschüttelt; dabei schrie sie immerzu, doch schon mit minder herzzerreißender Stimme.

Auch das dauerte lange. Man hätte glauben können, sie vermöchte die Augen nicht mehr zu senken, sie seien von der Hostie gebannt. Sie wimmerte nur noch, und ihr steifer Körper löste sich und brach zusammen.

Die Menge hatte sich zu Boden geworfen, das Gesicht an der Erde.

Rasch senkte die Besessene nun ihre Lider, als wäre es ihr unmöglich, den Anblick ihres Gottes zu ertragen. Sie war verstummt. Plötzlich fiel mir auf, daß ihre Augen geschlossen blieben. Sie war in den Schlaf der Nachtwandler gefallen, hypnotisiert, Verzeihung!, besiegt durch das unaufhörliche Betrachten der goldenen, strahlenden Monstranz, gefällt durch den alles überwindenden Christus.

Sie wurde fortgetragen, regungslos, während der Priester die Stufen zum Altar hinanschritt.

Die erschütterte Gemeinde stimmte ein Te Deum des Dankes an.

Vierzig Stunden lang lag die Frau des Schmieds im Schlafe. Dann erwachte sie, ohne die geringste Erinnerung weder an ihre Besessenheit noch an ihre Befreiung.

«Das, meine Damen, ist das Wunder, das ich miterlebt habe.»

Doktor Bonenfant schwieg; dann fügte er mit ärgerlicher Stimme bei:

«Ich konnte mich nicht weigern, dies schriftlich niederzulegen.»

25. Dezember 1882.

Paul Verlaine

WEIHNACHT

Kleiner Jesus, du, zu dem wir werden,
wenn wir Gott, den Vater schauen wollen,
laß dereinst uns wieder auferstehen,

rein und nackt, als Kind, und ohne Zuflucht
außer einem Stall; von Ochs und Esel,
niedrigen Gefährten, nur behütet.

Laß unwissend uns und tief durchdrungen
von der größten Schwachheit sein, in welcher
demutsvolle Kindheit ward gesegnet;

handeln laß uns, auf daß nichts verletze
den noch unschuldvollen und von keiner
Zärtlichkeit berührten Körper...

Ohne daß das schwache Auge schmerzhaft
selbst den matten Glanz der Morgenröte,
den bereits erlösenden, empfinde,

und des Abends allerletztes Leuchten
ohne anderes Verlangen spüre
als nach einem langen, warmen Schlummer.

WEIHNACHT

Laß uns Kinder sein, die dieses Leben
– ob zu hartem, ob zu leichtem Lose? –
vorbestimmt zu Sklaven oder freien

Menschen, und zu welchem schweren Kreuze?

François Pezant

ANTONIUS, PASS GUT AUF ...

Antonius, paß gut auf,
heut, den ganzen Tag,
denn um Mitternacht
hat die Jungfrau uns
Gottes Sohn geboren,
der verheißen war,
gnädig zu erlösen,
unsre arme Welt.

Ich hört' den Engel wohl,
der verkündet hat:
Sing, mein Nachbar, sing,
denn jetzt ist die Zeit
aller Seligkeiten.
Auf nach Bethlehem,
wo wir sehen werden
froh das Weihnachtskind.

Das liebe Weihnachtskind
hat kein Hemd. Es scheut
nicht den schärfsten Wind,
ist es selber ja
Gott, der Unfehlbare,
der nie Böses tat,
doch durch seine Allmacht
schaffet und zerstört.

Sogar Herodes will
das Kindlein sehen, doch
den Tyrannen wird
es bitter einst gereu'n.
Denn er möchte töten
ihn, der uns ernährt.
Werft ihn in die Grube,
daß er dort verfault.

Die Kinder, unschuldsvoll,
allüberall im Land,
mit Feuer und mit Blut
hat er sie wild verfolgt.
Ja, nichts ließ er ihnen
als sein eisern Schwert.
Seine Seele aber
fährt dereinst zur Höll.

Drei Könige voll Pracht,
aus dem Morgenland,
kamen, um dem Kind
Anbetung und Huld
liebend darzubringen;
schenkten alle drei
ihm die schönsten Gaben,
die sie mitgebracht.

Laßt bitten uns vereint,
das liebe Weihnachtskind,
es möge Frankreichs Welt,
die unter sich im Streit
wiederum vereinen,
denn heute scheint sie mir,
sich zu zerstören.

Wenn wir rechtschaffen sind,
bleibt jeder Krieg uns fern,
erbitten wir es nur,
vom Kinde, unserm Herrn.
Wir liegen auf den Knien
und beten, daß es stets
im Leben uns bewahre
vor jedem Zwist und Stolz.

Und sterben wir dereinst,
so werden wir wohl kaum,
des bin ich ganz gewiß,
auch in der andern Welt
uns jemals fürchten.
Lasset Vergebung uns,
für mich nicht noch für dich,
doch für die Welt erflehen.
Das Kindlein ist so gut.

(16. Jh.)

Charles-Albert Cingria

MEINE SCHÖNSTE WEIHNACHTSERINNERUNG

Es war an einem 25. Dezember, in einem Jahr, dessen genaue Jahreszahl mir entfallen ist. Es war mitten in einem lauwarmen, mittelmäßig verschneiten Winter, einer richtigen Enttäuschung für die Skifahrer. Wir fuhren im Zug der Rhone entlang talwärts, mitten durch Wälder und Felsen, in unregelmäßiger Fahrt — die jedoch in bezug auf den Fahrplan normal war —, als uns eine Art Sintflut, die dem Platzen einer Wasseransammlung zu verdanken war, dazu zwang, umzusteigen. Und das mitten in der Nacht, die nicht von elektrischem Licht, das mangelhaft war, sondern von Feuern und Fackeln erleuchtet wurde. Es waren eine Equipe improvisiert und rasch ein paar Balkenböden bereitgestellt worden, auf denen zarte Damen sich vorwärtswagen mußten, und das ergab in der Finsternis oder der halben Finsternis — in diesem Feuerschein, der über die Gesichter huschte — ein unbegreifliches Geleit. Der Eisenbahnzug war der Orientexpreß auf der Strecke, die er, zwei Tage nach Konstantinopel, zwischen den Alpenpässen durchfährt. Und der Ort war der Schwarze Wald, kurz vor Saint-Maurice.

Ich werde vieles vergessen, nie aber dieses Schauspiel, diese Gesichter, diese Leute und die riesigen, wilden Feuer in dem donnernden Wasserlärm, und diese Felsen und diese Kiefern — keine Tannen, Kiefern —, die von der Finsternis überfallen waren.

Es gab dort Paschas, Diplomaten, Nonnen, Kaufleute, Finanzleute, Militärs, ziemlich viele Idioten von Touristen. Und auch nicht wenige von jenen griesgrämigen und dummerweise anonymen Persönlichkeiten, die nachts in Zügen fahren und glauben, die Polster, in denen sie sich verstecken, seien ihr Schutz und ihr Recht. Sie alle waren genötigt worden auszusteigen und zu Fuß zu gehen. Und Laternen mit Kerzen — Stearinkerzen — bewegten sich rechts und links, und der angeschwollene Wildbach, in dem Kühe ertrunken waren und wo Schränke aus Häusern, vom Wasser mitgerissen, gegeneinanderstießen, toste mit scheußlichem Lärm neben ihnen her.

— So etwas ist — dachte ich — von Zeit zu Zeit nötig für diese Menschen, die glauben, alles gehe ganz von selbst. —

Oh! aber am Himmel glänzte ein Stern, und ich war ihm gefolgt, als ich ein wenig in die Höhe stieg, weit weg von den Fluten, in die Finsternis. Und so entdeckte ich eine Höhle und den warmen Bauch eines Lammes. Im Sand — es findet sich oft Sand in den Höhlen — steckte eine dünne Kerze, und ein kleines Mädchen und ein Hirte beteten. Und ihre Hände hielten Gaben, und sie boten sie einem Bild dar. Es war eine Szene, die Kamele darstellte, und Engel spielten im Himmel Geige.

Da begriff ich, was es bedeutet, bevorzugt zu sein. Ich muß festhalten, daß ich mich in völlig außergewöhnlichen Umständen befinde, an einem 25. Dezember, mitten in einem lauen Winter.

Das Morgenrot mußte kommen und dann der Tag. Da überschritt ich allein dieses mächtige Brett aus Balken. Der Zug war abgefahren und mit ihm all die Menschen. Ich ging zu Fuß auf dem Geleise weiter, eine unbeschreibliche Freude im Herzen.
Gloria in excelsis Deo!

Henri Ghéon

CHRISTI GEBURT

Strahlender als die Verheißung
bist du, Lämmchen, bist du's wirklich,
du, das meine Hände streicheln
unter diesem Binsendache?

Bist du wohl der Weltenkönig?
Nichts hab ich, dich einzuhüllen,
als die Weichheit meiner Rührung,
wenn ich dich im Schlummer sehe.

Wenn ich dich so einsam finde
und so nackt auf dieser Erde,
so gebrechlich, kalt und furchtsam,
schäme ich mich meiner Armut.
Doch, um dich zu schützen, zähle
ich auf Gott, mehr denn auf mich.

(*Volkslied*)

IM WALD DES SCHMERZES, IN DER SORGE SCHATTEN...

Im Wald des Schmerzes, in der Sorge Schatten,
so lebten wir in einer Welt voll Trauer,
als Jesus Christ erschien auf dieser Erde,
um Fleisch in einer Jungfrau Schoß zu werden.
Den Engel Gabriel sandt' er als Boten
zur Jungfrau, sie zu grüßen.
Und Trauer ward zur Freude.
Sie war bestürzt, als auf den Knien er sagte:
«*Ave gratia plena, Dominus.*»
Wir können die Zeit kaum erwarten,
Weihnachtslieder zu singen...
Weihnacht, süße Weihnacht!

Die zarte Jungfrau war zutiefst erschüttert
vom Gruß des Engels, denn nie hatte
solch ungewohnte Worte sie vernommen.
Als über diesen Gruß sie nachgesonnen,
da sagte sie: «*Ecce ancilla Domini,*
Sein Wille mög' an mir geschehn.»
Bei diesen Worten senkte sich in sie
der heil'ge Geist, der sie umschwebte.
Wie schön, anmutig ist die Jungfrau,
wie hold und gut, sie, der zum Preis
wir Weihnachtslieder singen werden.

So trug die Jungfrau neun Monate
die süße Frucht und kam dann nieder
in Bethlehem, wo einzig Obdach sie
in einem kleinen, zerfallnen Stalle fand.
Joseph, der gute, voller Sorge,
fand weder Trost noch eines Herdes Feuer.
Bei Ochs und Esel brachte nun sein Weib
des Lebens Frucht zur Welt, ich sage euch,
elendiglich!
Ihr singen wir jetzt Weihnachtslieder!

(Lyon, um 1535)

Marie Noël

WEIHNACHTEN DES KAMELS

Der Mutter gewidmet

Es ist leichter für ein Kamel, durch ein Nadelöhr, als für einen Reichen, ins Himmelreich zu kommen. (*Matth. 19, 23*)

Ich schreibe sieben und behalte eins...»

Die Haushälterin wischte ihre Brillengläser ab, drehte den Docht der Lampe hoch und begann, zum drittenmal, zusammenzuzählen.

Sicher war die Addition richtig. Aber sie war furchtbar.

So wenig gegessen und so, so, so viel ausgegeben zu haben!

Auf der anderen Heftseite, der der Einnahmen, versuchte eine andere, winzige, viel zu kleine Zahlenrubrik gute Haltung zu wahren und sich tapfer mit der ersten Seite zu messen...

Nein, man konnte daran herumzerren, soviel man wollte, es gab keine Möglichkeit mehr, die beiden Endsummen einander nahe zu bringen.

Aber mußten nicht dieser Tage die Gaudets ihre Miete bezahlen? Sie schaute auf den Kalender: «Weihnachten...!»

O ja, sie wußte wohl, daß heute abend Weihnachten herankäme, aber zum erstenmal in ihrem Leben machte es ihr keine Freude, daran zu denken. Und so war's herangekommen, stand da vor ihr: der große Abend begann. Und Charlette kam sich fahrlässig vor, weil ihr kaum noch einige Stunden blieben, um noch vor Mitternacht die große festliche Bereitschaft ihres Herzens herzustellen.

Man kann nicht zwei Herren dienen, Gott und dem Mammon.

Geld, sie hatte kaum welches, ihren Lohn, ihr Sparkassenbuch. – Trotzdem, mit all ihren Kräften stand sie im Dienst des Geldes. Nun, es war nicht ihr eigentlicher Beruf, und gerade deshalb machte es ihr soviel Mühe, viel mehr sicher als jenen, die dazu geschaffen. Als sie noch ein kleines Mädchen gewesen war, hatte sie Schafe gehütet; dann war sie in die Schule gegangen, dann in Stellung. Bald waren es 30 Jahre her, seit sie bei der Herrschaft eingetreten war und hier nun ausharrte und alles tat, was man von ihr verlangte und selbst noch mehr. Jedes Jahr etwas mehr. Monsieur war gestorben, M. Jacques war im Krieg verschollen und Madame war nach und nach so alt, so müde geworden, daß sie zu nichts anderem mehr taugte als zum Essen, zum Sich-Wärmen und zum Katzekraulen. In dem Maße, wie sie alterte, hatte sie immer mehr ihrem Dienstmädchen die Besorgungen überlassen, in die Geschäfte, auf die Bank, in die Büros zu gehen, mit den Lieferanten zu sprechen, mit den Arbeitern und den Mietern, so daß Charlette, die für sie nun einmal ein Mädchen für alles war, kochend, stopfend, pflegend, immer mehr die Verwalterin von Hab und Gut geworden war.

Seitdem hatte sie nur noch Sorgen im Kopf. Sie hatte es sich zur Aufgabe gemacht, auf das Geld von Madame aufzupassen, wie sie früher auf die Herde ihrer Amme aufgepaßt hatte, wie ein ernsthafter Hirte rechtschaffen zitternd, wenn sie am Abend die Schafe und Lämmer zählte und wieder zählte (heute waren es Sous und Frankenscheine), und darüber zu wachen jederzeit, damit es nicht verschleudert werde oder abnehme oder irgendeinen Schaden erleiden könne. Ach, das Geld schien nur noch vermaledeiter zu sein, und da es sich schon beim geringsten Rechnen verlief, war es eine furchtbare Fron, sich selbst genau davon Rechenschaft zu geben.

Wenn es sich nur um das Geld gehandelt hätte, selbst um das Papiergeld, das sie sich angewöhnt hatte, von Zeit zu Zeit bei einem Bankier der Stadt abzuheben und das einem ziemlich Furcht einflößte, weil

es zunahm und abnahm, man wußte nicht warum, aber Madame hatte drei Häuser.
Sie waren in der Zeit ihres Urgroßvaters neu gewesen. Jetzt haperte immer etwas daran, und die Leute, die sie bewohnten, kamen des Sonntags immer mit Reklamationen.
«Mam'zelle Charlette, es regnet bei uns herein... Mam'zelle, der Wind gestern hat den Kaminaufsatz weggerissen... Mam'zelle, die Dachtraufe hält nicht mehr dicht. Wenn uns das auf den Kopf fällt, kommt's zum Prozeß...»
Und Charlette läuft dann vom Montag an zum Maurer, zum Installateur, zum Ofensetzer: «Sie müssen schnell Dachziegel auflegen... Sie müssen rasch die Dachrinne ausbessern... Sie müssen den Windfang erneuern.»
Und am Donnerstag, da niemand gekommen war, mußte sie wieder beim Maurer, beim Ofensetzer, beim Installateur vorbeigehen: «Es regnet auf die armen Piaults herein, beeilen Sie sich, Monsieur Bouchardet..., beeilen Sie sich, Monsieur Paoli, bei Gaudets raucht der Kamin. Bei Girards ist die Dachtraufe am Herunterfallen. Monsieur Robinot stößt Drohungen aus, Sie müssen unbedingt morgen zu ihm gehen.»
«Unbedingt, jawohl!» sagten die Männer.
Aber am Freitag waren sie noch nicht hingegangen.

Und samstags tut kein Mensch etwas, und sonntags ruht sich jeder aus.
Oh, Milon, der Nachbar, führte eine andere Sprache, und der wurde prompt bedient: «Heute ihr, morgen ein anderer!» Aber sie, Charlette, war so lange Dienstmagd gewesen, so daß sie nicht zu befehlen und mit den Leuten zu reden verstand, wenn es klipp und klar zu reden galt. Sie verstand nur gut zu gehorchen. Seit sie auf der Welt war, war sie immer den Mächten des Himmels und der Erde unterworfen, den Geboten Gottes, den Befehlen von Madame, den Fastengeboten, den Verordnungen des Herrn Bürgermeisters, den Vorschriften der Polizei, den Gesetzen... Ach ja, die Gesetze! Welchen Respekt flößten sie ihr ein! Welche Furcht! Hinten und vorn, rundherum nichts als Gesetze, die vorschreiben, verbieten, verhindern, untersagen, und man weiß nicht mehr recht, wo sie sind und was sie wollen, noch die Gefahr, in die sie uns bringen. Überall sind sie ausgespannt wie verborgene Netze, um einen, wenn man nicht daran denkt, in unentrinnbare Verstrikkungen stürzen zu lassen.
Charlette war nicht großzügig, wenn sie mühsam jedes Jahr die Blätter des Herrn Steuerprüfers mit zitternden Zahlen ausfüllte – mit vielleicht richtigen, vielleicht auch nicht –, die sich gegen einen umdrehen, wenn man sich täuscht. Aber ihre größte Ver-

wirrung brachten ihr jene gewissenlosen Individuen, die heutzutage kein Bedenken tragen, das Recht der andern mit Füßen zu treten, das Recht von Madame – denn man mußte doch versuchen, sie daran zu verhindern...

Sie ging dann Herrn Dr. Paupître befragen, einen Vetter des verstorbenen Herrn, der mirnichts dirnichts das vortrefflichste der Gesetze aus dem Ärmel schüttelte – o ja, es gab schon einige gute darunter! – um jenen den Weg zu verrammeln, die dem Nachbarn ins Gehege fallen. Man mußte ihm nur eine staatliche Verfügung, einen Gerichtsdiener oder einen Prozeß auf den Hals laden. Ach, das Unglück war eben, daß die arme Haushälterin ein anderes, besseres Mittel herauszufinden suchte, das jedem sein Recht zubilligte, ohne daß es jemand in Unrecht setzte. «Diese Leute zum Angriffsziel zu machen, Herr!» Manchmal konnte sie darüber nicht schlafen. Aber Madame, die schlief wohl. Nachts schlafend und tagsüber dahindämmernd, hatte sie nicht wahrgenommen, daß die Zeiten schwieriger geworden, noch daß ihre alte Bequemlichkeit dahinschwand, da am Ende die Kohle, der Zucker und alles viel zu sehr im Preis gestiegen, und Charlette mußte ihr mit gerötetem Gesicht und verwirrt wie ein schuldig Betroffener sagen:

«Madame, man müßte die Ausgaben einschränken.»

«Ja, ja», hatte ihr Madame geantwortet, «schränken Sie sie ein, meine gute Charlette. Machen Sie es, so gut Sie können, mein Kind, ich vertraue Ihnen.»
«Nun, Madame, wir könnten... Das Huhn jeden Sonntag... das Huhn kostet im Augenblick 15 Franken das Pfund!» (Charlette ist ein Dienstmädchen von vor dem Krieg!)
«Mein Huhn! Sie wollen mir mein Huhn wegnehmen? Will man mich in meinem Alter denn alles entbehren lassen? Ich habe mir schon die Reisen, den Aufwand an Kleidern gänzlich untersagt... Sehen Sie, wie Sie anders zurechtkommen, meine gute Charlette. Schränken Sie die Ausgaben ein, so sehr Sie können, vorausgesetzt, daß mir nichts abgeht!»
O ja, das Leben war schwierig...
So schwierig, daß heute abend, Weihnachten stand vor der Tür, es nun bald Mitternacht ist und sie, Charlette, noch nicht Zeit gefunden hatte, sich auf ihre Gebete vorzubereiten.
Sie suchte ihr altes Gesangbuch und wollte ein altes, frommes Lied singen, um all ihre Gedanken besser auf die religiöse Erbauung zu richten. Aber die Gedanken ließen sich nicht zwingen, und während sie anfing: «Komm, göttlicher Messias...», liefen sie in höchster Geschwindigkeit ihren eigenen Weg.
«Komm, göttlicher Messias... – Wie soll ich nur am 30. unsere alte Kohlenrechnung begleichen?... –

Rette uns aus dem Unglück unserer Tage... – Gaudet müßte seine Miete bezahlen kommen... – Komm, Quelle des Lebens... – Wenn er aber nicht kommt?... – Komm!... – Er wird nicht kommen... – Was werde ich anfangen?... – Komm... – Bei Dr. Paupître Geld aufnehmen?... – Komm!... – Er ist auf Reisen... Wird er rechtzeitig zurückkehren?... Ich werde ihn morgen aufsuchen... nein! Morgen nicht, da ist Weihnachten... Weihnachten...! Ach, was fange ich an? Ich rufe nach dem Mammon. O mein Gott, ich kann nicht mehr beten!» Was ist da schon erstaunlich? Jedesmal oder fast jedesmal dieses Jahr, wenn ein Gebet an der Pforte des Herzens lag, hatte eine dringendere Besorgnis es verdrängt.

Schließlich waren die Gebete, müde, draußen warten zu müssen, davongeschlichen, des Herzens Leuchter waren alle erloschen, und keine Möglichkeit war mehr, darin ein großes Fest zu feiern.

Ach, heute abend sah sie wohl ein, daß das Geld ihr Unglück gebracht hatte. Zu lange schon war es her, daß sie den lastenden, gefährdeten Besitz der alten, schläfrigen Dame auf ihren Buckel geladen hatte. Der hatte sich an sie geklammert, und sie hatte sich befleißigt, so gut sie konnte, all ihre Pflichten ihm gegenüber zu erfüllen. Ihm hatte sie sich hingeopfert, für dieses Vermögen war sie gelaufen, hatte sich geplackt, gewacht. Jetzt konnte sie einfach nicht mehr. Die Müdigkeit hätte nichts vermocht, wenn nicht er, der Mammon, dieser Böse, sie seinen Teufeln ausgeliefert hätte, seinen kralligen, hakigen Ziffern, die sie nun nicht mehr losließen und an ihrem Herzen so sehr rissen und es aussaugten, daß darin kein einziger Tropfen Gnade mehr blieb.

Keiner kann zwei Herren dienen.

Sie hatte dem Mammon gedient.

Und die einzige Entschuldigung war, daß es sich um den Mammon eines anderen handelte.

Und da hörte sie auf der Straße ein Akkordeon und Flöten.

Es war die Weihnachtsprozession, die zur Krippe ging.

Zuerst kamen die musizierenden Hirten und die Kinder, die Glöckchen schwangen. Und längs des ganzen Weges kamen die Leute aus ihren Häusern, um sich ihnen mit ihren Geschenken zuzugesellen. Die Hirten trugen ein Lamm; die Gutsfrau Eier und Käse; der Winzer Flaschen Weines; die Hebamme einen Krautkopf; der Bäcker einen Fladen; die Krämerin Kerzen. Und von fernher kamen die Drei Weisen mit ihrem Stern und ihrem Gefolge.

«Ach», dachte Charlette, «letztes Jahr trug ich einen schönen Stock Weihnachtsrosen. Sie waren gerade rechtzeitig aus der schwarzen Erde gebrochen wie kleine, weiße Lichter, um die Wiege des Kindes Jesu zu erleuchten.»

Aber dieses Jahr hatte sie sich nicht die Zeit genommen, sie zu begießen, und keine Blume war erblüht.

«Wie könnte ich mich heute abend vor die Krippe stellen? Meine Hände sind leer. Selbst die Tiere sind besser als ich. Dieser große Ochse mit so wenig Verstand hat rechtzeitig den Pflug verlassen, um diese Nacht beim Kinde zu wachen.»

«Charlette...!»

Madame brauchte sie. Sie lief..., kam zurück.

Nun war die Weihnachtsprozession vorüber. Man sah nur noch an der letzten Wegbiegung drei große Schatten: die drei majestätischen Hinterteile der drei Elefanten, die schwerfällig ihre Beine vorsetzten und am Horizont verschwanden.

Zu spät, um zur Krippe zu gehen. Zu spät...

Als sie das Fenster schließen wollte, sah sie plötzlich, mitten unter dem Mond, von weitem draußen im Land ein anderes Tier herankommen. Es war ein Kamel aus dem Gefolge der Drei Weisen, das den Anschluß verloren hatte und ins Hintertreffen geraten war. Mit seinen zwei kahlen Buckeln, seinem alten, abgescheuerten Rücken, seinem lang niederfallenden Wollhaar, seinen schwieligen Knien, seinen langen, hageren Beinen und den übereinander getürmten Lasten – Schläuche, Säcke, Kisten, Bal-

len –, die ihm fast das Genick durchbrachen, ohne daß es den Kopf hätte hochheben können, schien es ein so armes, so elendes, so niedergeschlagenes Tier zu sein, daß die Haushälterin darüber Mitleid empfand und es fragte:
«Wohin gehst du?»
«Nach Bethlehem. Ich weiß nicht, ob ich ankommen werde. Sie haben mir zu viel aufgeladen dieses Jahr, und ich habe einen großen Umweg machen müssen. Ich konnte nicht durch das Nadelöhr hindurchgehen.»
«Ich auch nicht», sagte die Haushälterin.
Das Kamel bog den Kopf auf die Seite und betrachtete sie neugierig mit aufgerissenen, gelben und schiefen Augen eines grundgütigen Schafes.
«Ich würde dich ganz gern auf meinen Rücken setzen, aber du siehst, es ist nicht der geringste Platz mehr darauf. Komm, gehen wir zusammen! Ich weiß nicht, ob wir ankommen werden, aber man muß immerhin versuchen. Was bringst du Schönes mit?»
«Nichts!»
«Wie ich. Ich habe nur meine Last. Trag du auch deine. Zunächst kann man nichts anderes tun, und am Ende dient sie vielleicht doch noch zu was. Die Lasten, seit ich welche trage, haben noch immer zu etwas gedient.»
Alsdann gab sich die Haushälterin einen großen Ruck und lud auf ihre Schultern all ihre Nöten, ihre

Rechnungen, ihre Berechnungen des Jahres, ihre Additionen und Subtraktionen, ihre Einnahmen und Ausgaben, und Madame und die drei Häuser und die Arbeiter und die Mietsleute und all die guten oder schlechten Gesetze des Landes.

«Siehst du», sagte das Kamel, «wir kommen vielleicht nicht einmal bis zum Haus Gottes, aber ein Schritt ist immerhin ein Schritt. Man muß wenigstens seinen guten Willen beweisen.»

Als sie beim Stall ankamen, war das große Fest der Nacht schon zu Ende. (Die Feste enden immer damit, daß sie enden.) Nachdem sie recht angebetet, recht musiziert, recht gesungen hatten, waren die Hirten wieder zu ihren Herden heimgekehrt, die Leute des Dorfes waren nach Hause gegangen, die Drei Weisen ruhten sich unter ihrem Zelt aus, und der Stern hatte sich zur Ruhe begeben.

Das Kamel streckte seinen Hals durch eine kleine Dachluke und schaute in die Hütte. Auch da drin schlief alles, das kleine Kind in der Krippe, der Mann, die Frau, der Ochse und der Esel. Das Kamel schaute lange zu und zog ungeschickt den dicken Kopf aus der Dachluke zurück.

«Wer ist da?» rief der heilige Joseph.

«Das Kamel», sagte das Lasttier.

«Das Kamel», sagte die Haushälterin.

Da stieg aus dem Dunkel eine Stimme empor, so

eindringlich, so rein, daß sie einem das Herz in den Himmel hob.
«Tretet ein, die ihr beladen seid...»
Aber sie konnten nicht eintreten, denn die Tür war zu niedrig. Da knickte auf der Schwelle des Hauses das Kamel seine langen Beine ein, legte seinen großen Körper auf die Seite, kniete in jähem Antrieb nieder und blieb so vor dem Kind und wußte kein anderes Gebet.
Und die Haushälterin, ebenfalls auf den Knien, sagte auch nichts mehr.
«Ihr guten Leute», sprach wieder die himmlische Stimme, «was bringt ihr meinem Kinde?»
«Nichts», sagte das Kamel, «Gepäck. Alles, was die Menschen unterwegs brauchen, Lebensmittel, Dekken, Waren, Schätze, nützliche und unnütze... Aber wir können sie dir nicht einmal geben, sie gehören uns nicht. Wir tragen sie nur. Der Rücken schmerzt uns davon. Es ist schwer.»
«Sehr schwer», sagte die Haushälterin.
«Ach, mein kleines Kind hier», murmelte die heilige Jungfrau, «ist gekommen, um eines Tages eine noch viel schwerere Last zu tragen.»
Aber die Haushälterin weinte.
«O heilige Mutter, seine ihm eigene Last wird der Wille Gottes sein. Jedoch, was habe ich getragen? Das Wohlleben einer alten Dame, die Bedürfnisse

eines Hauses, die Bequemlichkeit der Mieter, die Fordernisse der Gesetze, die Nöten und Verpflichtungen des Geldes. Er, der andere Herr, und nicht Gott hat mich so zu Boden gedrückt, und meine Last ist nur vergebliche Klugheit und menschlicher Geiz.»

Die Stimme der heiligen Jungfrau zitterte ein wenig: «Mein kleines Kind hier ist gekommen, unter der Last der Sünden der Welt zermalmt zu werden.»

Eine Träne fiel aus ihren Augen auf den Rücken des Kamels. Und sofort fühlte es seine Last sich lösen, sich von ihm hochheben, steigen, leicht wie eine vom Himmelswind geblähte Wolke hinschweben, hinter welcher sich das Paradies der Engel verbirgt. Und die Haushälterin hörte ein frohes, kleines Lied, das aus ihrer Kindheit herbeieilte. Und sie begann, in ihrem armen Herzen zu singen:

Das Jesuskind geht in die Schule
und trägt sein Kreuz...

Tragen war wie das Singen eines Liedes, tragen war schon wie ein Gebet, tragen war ganz unmerklich ein Amt Gottes geworden.

«Charlette...!»

«Hoh! Hüh! Hoh!»

«Charlette...!»

«Man ruft nach mir», sagte die Haushälterin.

«Man braucht mich», sagte das Kamel.

Und auf dem Heimweg machte es mit seinen langen Beinen hohe Sprünge, und man vernahm ein merkwürdig spitzes, meckerndes Lachen des Kamels, worüber die Tiere der Straße erstaunt waren. Auch die Haushälterin lachte, und in einem Satz sprang sie über den Graben wie ein kleines, jugendfrisches Mädchen.

Sie waren soeben durch das Nadelöhr gegangen.

Théophile Gautier

WEIHNACHT

Dunkel ist der Himmel, weiß die Erde,
schwingt euch, ihr Glocken, mit frohem Schall.
Jesus ist geboren, und die Jungfrau
neigt über ihn ihr lieblich Gesicht.

Hier gibt's keine dichten Bettvorhänge,
die vor der Kälte schützen das Kind;
einzig Spinngewebe wehen nieder
von des Dachs zerfallenem Gebälk.

Zitternd liegt es da, auf Stroh gebettet,
dieses liebe, kleine Jesuskind.
Ochs und Esel, beide an der Krippe,
wärmen es mit ihrem Hauch.

Schnee verziert mit Spitzenwerk die Hütte;
Über ihr tut sich der Himmel auf…
Und den Hirten künden Jubelchöre
weißer Engel: «Weihnacht! Weihnacht!» an.

Alphonse Daudet

DIE DREI STILLEN MESSEN

«Sind es auch wirklich zwei mit Trüffeln gefüllte Truthennen, Garrigou?»

«Ja, Hochwürden, zwei Truthennen, prächtig vollgepfropft mit Trüffeln. Das dürfen Sie mir glauben; denn ich selber war dabei, als sie gefüllt wurden. Hochwürden, ich kann Ihnen sagen, daß die Vögel prallvoll sind, daß ihnen beim Braten die Bäuchlein platzen werden.»

«Und ich habe die Trüffeln so gern! – Gib mir schnell das Chorhemd, Garrigou... Und außer den Truthennen, was gab es sonst noch in der Küche?»

«Oh, noch vielerlei gute Sachen. Seit Mittag haben wir nichts anderes getan, als Fasanen, Wiedehopfe, Haselhühner und Auerhähne gerupft. Die Federn wirbelten nur so herum... Zudem haben unsere Fischer vom Teich auch ihren Teil gebracht: Aale, dicke Karpfen, Forellen und...»

«Wie groß sind die Forellen, Garrigou?»

«So groß, Hochwürden, sehen Sie? Einfach riesig!»

«Oh, Gott! mir ist, als sehe ich sie vor mir. – Hast du die Meßkännchen gefüllt?»

«Ja, Hochwürden. Oh, was werden Sie erst für einen Wein trinken nach der Mitternachtsmesse im Schloß! Wenn Sie auf dem Tisch des Eßsaals all die Kannen voll funkelnden Weins sähen! Und das glitzernde Silbergeschirr, den fein ziselierten Tafelaufsatz, die Blumen, die kostbaren Leuchter! Ein solch herrliches Weihnachtsmahl haben Sie noch nie erlebt. Der Markgraf hat alle Edelleute der ganzen Umgebung eingeladen. Es werden wenigstens vierzig Gäste an der Tafel teilnehmen, den Schultheißen und Amtsschreiber nicht mitgerechnet. Welch Glück für Sie, dabei zu sein, Hochwürden! – Nichts geht mir über diese schönen Truthennen; der köstliche Geruch der Trüffeln kitzelt mich jetzt noch in der Nase.» Und Garrigou schnalzte mit der Zunge.

«Nun aber genug, mein Lieber! Gott bewahre uns vor der Sünde der Genußsucht, ganz besonders am Tage vor Christi Geburt. Jetzt geh schnell und zünde die Kerzen an und läute das Glöcklein; denn bald ist Mitternacht; wir dürfen nicht zu spät sein!–»

So wurde gesprochen in der Weihnachtsnacht im Jahre des Herrn 1642, zwischen dem hochwürdigen

Herrn Balaguère, ehemals Prior des Barnabiter-Ordens, jetzt Kaplan der Herren von Trinquelage, und seinem kleinen Kirchendiener Garrigou. Ja, dieser Garrigou, er bildete sich wohl ein, ein braver Kirchendiener zu sein; doch muß man wissen, daß an jenem Abend der Böse selber in die Gestalt des jungen Mesners geschlüpft war und aus seinem runden Spitzbubengesicht schalkhaft grinste, um den ehrwürdigen Pater in Versuchung zu führen. Nun, während unser Teufelskerl Garrigou aus Leibeskräften an den Strängen zog, daß die Glocken weit in die Nacht hinaus klangen, legte in der kleinen Sakristei des Schlosses der Priester sein Meßgewand an. Und weil sein Geist bereits von all den feinschmeckerischen Worten Garrigous verwirrt war, wiederholte er mit halblauter Stimme vor sich hin:

«Gebratene Truthennen, knusperige Karpfen, feine Forellen! –»

Draußen, um die Ecken der alten Mauern blies der Wind und streute die hellen Glockentöne über das nachtstille Land. Auf der Höhe des Mont Ventoux ragten die alten Türme von Trinquelage in den sternenklaren Weihnachtshimmel. An den Hängen des Berges tauchten da und dort Lichter aus dem Dunkel. Die Bauern und Pächter der Umgebung zogen mit Frau und Kind zur Mitternachtsmesse hinauf in die Schloßkapelle. Sie sangen schlichte, alte Weihnachtslieder und gingen in Gruppen von fünf oder sechs, voraus der Vater, eine Sturmlaterne in der Hand. Die Frauen hatten sich in ihre weiten, braunen Mäntel und Pelerinen gehüllt, unter die sich die Kinder drängten, um sich vor dem scharfen Winde zu schützen. Trotz der späten Stunde und der Kälte pilgerten alle diese guten Leute leichten Schrittes dahin. Der Gedanke, daß ihrer nach der Messe, wie alle Jahre, ein reichgedeckter Weihnachtstisch drunten in den geräumigen Küchen des Schlosses harrte, stimmte ihre Herzen froh und festlich. Von Zeit zu Zeit rumpelte auf dem steinigen Pfad die Karosse eines Edelmannes daher, von munteren Fackelträgern begleitet. Die blanken Fensterscheiben des Wagens glänzten im Licht des Mondes. Ein Maultier trottete vorbei, mutwillig den Kopf schüttelnd, daß die Glöcklein lustig bimmelten. Und im rauchigen Schein ihrer Stocklaternen erkannten die Pächter ihren Schultheißen, der auf dem Rücken des Tieres saß, und sie grüßten ihn im Vorübergehen: «Guten Abend, Meister Arnoton!»

«Grüß euch Gott, meine Leute!» gab er herzlich zurück.

Die Nacht war hell, die Sterne funkelten am klaren Winterhimmel. Die Bise drang durch die Kleider, und ein feines Schneegeflock rieselte über die frohen Pilger. Der Himmel ist dem Lande treu und beschert ihm jedes Jahr ein weißes Christfest. Zuoberst auf der Anhöhe thronte das Schloß mit seinen mächtigen Türmen und steilen Giebeln. Wie verzaubert ragte das Glockentürmchen der Kapelle in den blauschwarzen Nachthimmel. Und hinter den hohen Fenstern blinzelten und flimmerten viele kleine Lichtlein; bald verschwanden sie, bald tauchten sie wieder aus dem Dunkel auf und blitzten durch die buntfarbigen Scheiben.

Wenn man die Zugbrücke überschritten hatte und durch das Eingangstor gegangen war, mußte man, um sich in die Kapelle zu begeben, einen Hof überqueren. Er war angefüllt mit Karossen, Dienern und Sänften, und vom Licht der Fackeln und dem Feuer, das aus den offenen Küchenfenstern loderte, hell erleuchtet. Man hörte, wenn die Bratspieße gedreht wurden, ein seltsames Knirschen und dazu das feine Klirren und Klingen des Kristall- und Silbergeschirrs, das von dienstfertigen Händen auf die Tische gestellt und zurechtgerückt wurde. Und über allem schwebte ein lauwarmer Dunst, der herrlich nach gebratenem Fleisch und würzigen Saucen roch, ein Geruch, der schmeichelnd war und den Bauern, dem Kaplan, dem Schultheißen und allen Leuten in die Nase stieg: «Das soll ein Weihnachtsmahl geben, wie schon lange nicht mehr!»

Die Mitternachtsmesse beginnt. In der Schloßkapelle, einer Kathedrale im kleinen mit ihren schöngeschwungenen Kreuzgewölben und ihrem Eichengetäfel, brennen alle Kerzen. Vom Portal bis zum Altar ist ein kostbarer Teppich ausgebreitet. Und all die vornehmen Leute in festlichen Gewändern! Vorne in den geschnitzten Chorstühlen sitzt in einem Prunkgewand von salmfarbigem Taffet der Schloßherr von Trinquelage, umgeben von all seinen adligen Gästen. Auf der gegenüberliegenden Seite haben auf sammetgepolsterten Betstühlen Platz genommen die alte verwitwete Markgräfin in feuerrotem Brokatkleid und die junge Herrin von Trinquelage; auf ihrem Kopf prangt ein hoher Spitzenhut nach neuester französischer Hofmode. Weiter hinten sieht man, in Schwarz gekleidet, den Schultheißen Thomas Arnoton und den Gerichtsschreiber Ambroy mit großen Perücken und glattrasierten Gesichtern, zwei strenge Männer, die sich fast zu ernst ausnehmen zwischen all den festlichen Menschen in Seide und golddurchwirktem Damast. Weiter hinten folgen die wohlbeleibten Proviantmeister, die Pagen, die Jagdgehilfen und Aufseher. In den Bänken zuhinterst sind die niederen Dienstleute, die Knechte und Mägde, die Pächter mit ihren Familien; und bei der Türe schließlich, die immer wieder leise auf- und zugeht, erblickt man die Herren Küchenjungen. Sie kommen sozusagen zwischen zwei Saucen und bringen in die nach Weihrauch und Kerzen duftende Kirche einen Vorgeschmack des Weihnachtsessens; sie schlüpfen jedoch bald wieder hinaus, von der Messe auch einen kleinen Gnadenschimmer mit sich nehmend.

Sind es ihre kleinen weißen Barette, die den messelesenden Priester so zerstreut machen? Oder ist es nicht eher das Meßglöcklein, das der Ministrant Garrigou hastig schüttelt, daß das überstürzte Klingeln dem Kaplan schrill in die Ohren zu sagen scheint: «Schnell, schnell! Je rascher wir fertig sind, desto früher werden wir bei Tisch sein.»

Und in der Tat, jedesmal, wenn dieses Teufelsglöcklein läutet, vergißt der Kaplan Messe und Andacht und denkt nur noch an das Weihnachtsmahl. Er sieht im Geiste die Köche mit vor Aufregung und Hitze geröteten Gesichtern am Herde stehen, in welchem ein mächtiges Feuer lodert; er sieht Dämpfe in die Höhe steigen; er sieht die fetten Braten, die in den Pfannen brutzeln, und zwei prächtige, mit Trüffeln vollgestopfte Truthennen. Und an seinem geistigen Auge zieht noch eine ganze Reihe Pagen vorüber; sie tragen volle Platten (verführerische Dünste hüllen sie ein), und er schreitet mit ihnen in den großen Eßsaal, wo für das Festmahl schon alles bereitet ist. Oh, was für Herrlichkeiten! Da steht der

Tisch, ganz beladen mit funkelnden Köstlichkeiten: Pfauen, die mit ihren buntschillernden Federn garniert sind, Fasane mit fettglänzenden Flügeln, Flaschen voll rot funkelnden Weines, verlockend glänzende Früchte, zu kleinen Pyramiden kunstvoll aufgeschichtet und mit grünen Zweigen geschmückt, und diese herrlichen Fische, von welchen Garrigou gesprochen hatte: sie liegen ganz in Fenchelkraut gebettet und haben perlmutterglänzende Schuppen, als ob sie eben erst aus dem Teiche gekommen wären. Die Vision dieser Wunderdinge ist so lebhaft, daß der Kaplan die Platten, gefüllt mit auserlesenen Speisen, vor sich auf den Stickereien des Altartuches zu sehen glaubt, und statt des Dominus vobiscum ist er zwei- oder dreimal versucht, das Tischgebet zu sprechen. Außer diesen leichten Entgleisungen liest der würdige Herr seine Messe sehr gewissenhaft, ohne eine einzige Linie wegzulassen oder eine Beugung des Knies zu vergessen, und alles geht leidlich gut bis zum Ende der ersten Messe; denn man muß wissen, daß ein Priester am Weihnachtstag drei aufeinanderfolgende Messen zu zelebrieren pflegte.

«Eine ist herum!» sagt sich der Kaplan mit einem Seufzer der Erleichterung. Und ohne eine Minute zu verlieren, gibt er seinem Ministranten, oder vielmehr dem, den er für seinen Ministranten hält, ein Zeichen...

Die zweite Messe beginnt und mit ihr auch die Sünde des Kaplans Don Balaguère.

«Schnell, schnell, noch schneller!» schreit ihm Garrigous Glöcklein mit seiner gellenden Stimme ins Ohr; und der unglückliche Priester, der diesmal ganz dem Dämon preisgegeben ist, fällt beinahe über sein Meßbuch her und verschlingt mit der Gier des Heißhungers Seite um Seite. Alle seine Handlungen und Bewegungen, das Kreuzzeichen und die Kniebeuge sind hastig und überstürzt und werden nur noch halb ausgeführt. Beim Evangelium hebt er kaum mehr die Arme, beim Confiteor schlägt er kaum mehr an die Brust. Der Priester spricht sehr schnell und undeutlich, und die Antworten seines Ministranten sind nur noch abgehackte Silben. Die Wechselgebete überstürzen sich und geraten durcheinander; die Worte enden in einem unverständlichen Gemurmel.

«Dom... scum...!» sagt Balaguère.

«... Stutuo...!» antwortet Garrigou; und schon wieder schrillt ihnen das Glöcklein in die Ohren wie jene Schellen, die man an den Köpfen der Postpferde anbringt, um sie zu schnellem Galopp anzutreiben. Man kann sich denken, daß in diesem Tempo eine stille Messe schnell zu Ende ist.

«Und zwei sind herum!» sagt der Kaplan ganz außer Atem; und ohne sich die Zeit zu nehmen zu verschnaufen, eilt er, schwitzend und mit gerötetem Gesicht, die Altarstufen hinunter, und... die dritte Messe beginnt.

Nun bleiben sozusagen nur noch wenige Schritte, um in den Eßsaal zu kommen. Aber, ach! Je näher das Weihnachtsmahl rückt, um so mehr fühlt sich der unglückliche Balaguère von einer rasenden Ungeduld gepackt. Seine Vision wird lebhaft, die knusperigen Karpfen, die gebratenen Truthennen, sie sind dort, dort... Er berührt sie, er... Oh, Gott!... die vollen Platten dampfen, der Wein duftet; und das kleine Glöcklein schreit ihm mit wildem Geklingel ins Ohr: «Schnell, schnell, noch schneller! –»

Aber wie könnte er noch rascher sprechen? Seine Lippen bewegt er kaum mehr. Er spricht die Wörter nicht mehr aus. Er stibitzt (ja, man muß so sagen) dem lieben Gott seine Messe weg, der Unglückselige! – Immer neue Versuchungen fechten ihn an. Schon beginnt er einen Bibelvers auszulassen, dann zwei. Die Epistel ist ihm zu lang, er liest sie nicht zu Ende; mit flüchtigem Blick überfliegt er den Text des Evangeliums, er kommt zum Credo, übergeht es und läßt auch das Paternoster weg, und so stürzt er sich Sprung um Sprung in die ewige Verdammnis, beständig verfolgt von diesem niederträchtigen Garrigou (weiche von mir, Satan!), der ihm beharrlich sekundiert, ihm das Meßgewand hält, im Buch gleich zwei Seiten auf einmal umschlägt, am Ständer stößt, Meßkännchen umwirft und wie wild das Glöcklein schüttelt. Man kann sich denken, was die Gläubigen für bestürzte Gesichter machen! Sie, die gezwungen sind, sich nach den Gebärden des Priesters zu richten, um dieser Messe zu folgen, von der sie kein Wort verstehen. Die einen erheben sich, während die andern niederknien, oder setzen sich, wenn andere aufstehen. – Wie wird der Weihnachtsstern, der heute am weiten Himmel zum kleinen Stalle von Bethlehem wandert, vor Entsetzen erblassen, wenn er diese Verwirrung mitansehen muß!

«Der Abbé macht zu schnell, man kann nicht folgen», tadelt die junge Herrin von Trinquelage, und sie schüttelt mißbilligend das strenge Haupt, daß ihr hoher Spitzenhut bedrohlich wackelt.

Seine große, schwarzumränderte Brille auf der Nase, blättert Meister Arnoton in seinem Meßbuch und brummt in den Bart: «Wo zum Kuckuck sind wir nun?» Aber alle diese braven Leute, die wie ihr Kaplan auch an das Weihnachtsmahl denken, sind im Grunde gar nicht böse, daß die Messe in diesem Eiltempo zu Ende geht. Und wie Don Balaguère mit strahlendem Gesicht sich gegen die Gemeinde kehrt und aus voller Kehle singt: Ite, missa est, da antworten ihm alle wie aus einem Munde ein Deo gratias mit so fröhlicher Stimme, daß alle glauben, sie säßen schon am gedeckten Tisch, wenn der erste Trinkspruch ausgebracht wird.

Wenige Minuten später hatten sich alle Edelleute im großen Saale versammelt, der Kaplan mitten unter ihnen. Im Schloß, das von oben bis unten hell erleuchtet war, ertönten Lieder; da war ein lustiges Kichern und Lachen, ein frohes Schwatzen und Lärmen. Und der hochwürdige Don Balaguère pflanzte seine Gabel in den Flügel einer fetten Truthenne und leerte immer wieder den Becher in gierigen Zügen, als ob er in Strömen berauschenden Weins seine Gewissensbisse ertränken wollte. Doch soviel er auch trinken und essen mochte, er sollte sich seines Lebens nicht mehr lange freuen; noch in derselben Nacht starb er an einem Schlaganfall, so unerwartet, daß er nicht einmal Zeit hatte, seine Sünde zu bereuen. Am Morgen, noch ganz benommen vom Festtaumel der Nacht, kam er vor dem Himmelstor an; und ihr könnt euch denken, wie er hier empfangen wurde.

«Geh mir aus den Augen, schlechter Christ!» zürnte mit donnernder Stimme unser oberster Richter, der Herr des Himmels und der Erde. «Dein Fehltritt ist so schwer, daß ein ganzes Leben in Gottesfurcht und Tugend ihn nicht wieder gutmachen könnte. Du hast mich in der Heiligen Nacht um eine Messe betrogen. Wohlan, es ist geschehn! Du wirst mir dafür dreihundert bezahlen, und du darfst nicht eher zu den himmlischen Scharen im Paradiese eingehen, bis daß du diese dreihundert Weihnachtsmessen zelebriert hast; und merke dir: drunten in der Schloßkapelle in Gegenwart all jener, die wegen deiner Schwäche mit dir gesündigt haben.»

Und hören wir nun die wahre Legende des Don Balaguère, wie sie im Lande der Oliven erzählt wird. Heute ist das Schloß von Trinquelage nicht mehr; aber die Kapelle steht noch jetzt, umgeben von einem Kranze grüner Eichen, droben auf der Höhe des Mont Ventoux. Der Wind geistert um das alte Gemäuer und schlägt die lottrige Tür auf und zu, das Gras überwuchert die Treppenstufen; die Vögel nisten in den Ecken des Altars und in den Mauernischen. Wilde Rebe rankt an den hohen Fensterkreuzen empor. Die Glasscheiben mit den buntfarbigen Heiligenbildern von ehemals sind seit langer Zeit in Scherben. Doch jedes Jahr an Weihnachten geschieht es, daß ein übernatürlicher Lichtschein die gespenstische Kapelle erhellt; wenn die Bauern hier vorbei in die nächste Kirche zur Mitternachtsmesse gehen, gewahren sie ihn. Ihr möget darüber ungläubig lächeln; doch ein Winzer der Gegend, Garrigue geheißen, ohne Zweifel ein Nachkomme unseres Garrigou, hat mir berichtet, daß an einem Weihnachtsabend, als er mit ein paar Freunden bis spät in die

Nacht gezecht hatte und in angeheiterter Stimmung heimkehren wollte, er sich auf dem Berg in der Gegend von Trinquelage verirrt habe. Und hören wir nun, was Garrigue erlebt hatte: «Bis nach elf Uhr war ringsum alles totenstill. Doch auf einmal, es mochte bald Mitternacht sein, klang von der Höhe ein Glockenläuten, so fein und leise, als kämen die Töne aus weiter Ferne. Bald sah ich auf dem Wege, der am Hang hinansteigt, Lichter aufleuchten, und gespenstische Schattengestalten wanderten vorüber. Im Vorhof der Kapelle hörte man Schritte gehen und Stimmen flüstern:

‹Guten Abend, Meister Arnoton!›

‹Grüß euch Gott, meine Leute!...›

Als die seltsame Geisterschar in der Kirche war, näherte ich mich leise. Durch einen breiten Spalt im morschen Holz der Türe schaute ich ins Innere der Ruine. Alle die geisterhaften Wesen hatten sich vorn im Chor und im Schiff versammelt, als ob noch die alten Bänke dort zwischen den Mauerresten ständen. Da erblickte ich schöne, vornehme Damen in Sammet und Brokat und Spitzenhauben, adelige Herren in pelzverbrämten Mänteln, Bauern und Bäuerinnen mit geblümten Jacken, wie in alten Zeiten Großvater und Großmutter sie trugen. Mir war, als ob all diese Menschen aus dem Grabe erstanden wären; denn Erde und Staub klebten an ihren welken Gesichtern, und alle sahen sehr alt und müde aus. Ein paar Nachtvögel, das Jahr über die einzigen Gäste der Kapelle, streiften, vom Lichtschein geweckt, mit lautlosem Flügelschlag um die Kerzenflammen, die, als ob sie hinter einem Nebelflor brennen würden, nur ein mattes Licht spendeten.

Und etwas belustigte mich derart, daß mich fast das Lachen ankam; da war ein Mann mit einer großen, schwarzumränderten Brille, der immer wieder unwirsch den Kopf schüttelte; denn ein Vogel hatte sich auf seine Perücke gesetzt und darin seine Füße so verwickelt, daß er trotz heftigem Flügelschlagen nicht mehr loskommen konnte.

Vorne, in der Mitte des Chores, kniete ein alter Mann, klein und unscheinbar von Gestalt, nicht viel größer als ein Kind; mit verzweifelter Gebärde schüttelte er ein Glöcklein; aber es wollte nicht den geringsten Ton von sich geben. Ein greiser Priester im Festornat stand vor dem Altar, mit erhobenen Armen; sehr würdevoll und mit großer Andacht las er die Messe; doch so sehr er auch die Lippen bewegte, es kam kein Laut aus seinem Munde. Wahrlich, dieser Priester konnte kein anderer sein als Don Balaguère, der seine dritte stille Messe las.»

Père Jean de Brébeuf

JESUS IST GEBOREN...

Mut, ihr Menschen, Jesus ist geboren!
Nun, da zerstört des Teufels Herrschaft,
hört nicht, was eurem Geist er zuraunt.
Jesus ist geboren!

Lauscht des Himmels Engeln und verwerft nicht,
was sie verkünden, denn Maria
hat den Großen Geist geboren.
Jesus ist geboren!

Als sie den Stern am Himmel sahen,
versprachen sich drei hohe Fürsten,
allüberall ihm nachzufolgen.
Jesus ist geboren!

Da rührte Jesus ihre Herzen,
daß sie verlangten, ihn zu sehen
und von dem Stern zu ihm geführt zu werden.
Jesus ist geboren!

Die Fürsten brachten reiche Gaben.
Zutiefst beglückt, Jesus zu sehn, erzählten
sie neigend sich, ihm wunderbare Dinge.
Jesus ist geboren!

JESUS IST GEBOREN

Kommt alle her, ihn anzubeten,
denn er erhörte jeden unsrer Wünsche.
Folgt ihm, er will zu Heiligen uns machen.
Jesus ist geboren!

(um 1649)

Henri de Régnier

DAS GOLD

«Ich bin das Gold, das Kaspar gläubig trägt,
der hoffnungsvollen Augs aufblickt zum Stern,
dem Wunderzeichen, ausgesandt vom Herrn –
das Gold, das er dem Kind zu Füßen legt.

Denn das sich leise in der Krippe regt,
(als Zeugen stehn dort Stier und Esel fern)
das Kind ist König, und er bringt ihm gern
das fromme Gold, wie es die Sitte pflegt.

Einst werden stolze Maler, mir zur Gunst,
mit flinker Pinsel winzig kleiner Kunst,
wenn sie die alten Texte kommentieren,

die Evangelien mit frommer Hand
im würdevollen Meßbuch bunt verzieren
mit den drei Weisen aus dem Morgenland.»

André Theuriet

SANKT NIKOLAUS BRINGT EINEM EINE FRAU

Kann der Herr Direktor Frau Blouet empfangen?» fragte der Kanzleidiener, indem er diskret einen der Türflügel des Arbeitszimmers eine Spalte weit öffnete.

Das Kabinett des Unterdirektors im Pariser Innenministerium ist ein geräumiges, hochwandiges Zimmer, das mit seinen grünen Damastvorhängen an den beiden Fenstern, seinen ebenso grünen Tapeten und Sesselbezügen, seinen Aktenregalen und seinem Bücherschrank aus Mahagoni einen Hauch von Strenge ausatmet. Im sorgfältig gebohnerten Parkettboden spiegelt sich das kalte Ebenmaß dieses Verwaltungsmobiliars, und der Spiegel über dem Kamin wirft mit derselben korrekten Genauigkeit das Bild einer Standuhr aus schwarzem

Marmor zurück mit den zwei Bronzelampen und den zwei vergoldeten Leuchtern zu beiden Seiten.

Den Kamin im Rücken, sitzt der Unterdirektor Hubert Boinville gebeugt am breiten Schreibtisch aus Mahagoni, der mit Haufen von Aktenbündeln bedeckt ist. Er hat das Gesicht erhoben, das ernst und melancholisch und von einem braunen Bart umrahmt ist, in dem schon einige Silberfäden glänzen, und nun lassen seine dunklen Augen aus den müden Lidern einen Blick auf die Karte fallen, die ihm der würdevolle Kanzleidiener zeremoniös überreicht. Auf dem kleinen Viereck aus Glanzpapier steht mit greisenhafter, zittriger Schrift handgeschrieben: Witwe Blouet.

Der Name sagt ihm nichts, und indem er die Karte zwischen die Aktenbündel wirft, macht er unwillkürlich eine ungeduldige Gebärde.

«Es ist eine alte Dame», fügt der Kanzleidiener hinzu, «soll ich sie fortschicken?»

«Lassen Sie sie herein», erwidert der Unterdirektor resigniert.

Der Kanzleidiener richtet sich in seiner mit Metallknöpfen garnierten Uniform wieder stramm empor und geht. Einige Augenblicke später weist er die Besucherin herein, die schon auf der Türschwelle eine etwas unsichere, altmodische Verbeugung macht.

Hubert Boinville erhebt sich etwas vom Sitze und

weist mit kühl höflicher Geste der Besucherin einen Sessel an, auf dem sie nach einer neuen Verbeugung Platz nimmt. Es ist eine kleine, alte, ärmlich gekleidete Frau. Der wollene Rock ist an mehr als einer Stelle geflickt, er ist fadenscheinig und ins Grünliche abgefärbt. Ein abgetragener Kreppschleier, der gewiß schon für mehr als einen Trauerfall herhalten mußte, hängt beiderseits von dem altmodischen Hut herab und läßt unter einem Aufsatz falschen, kastanienbraunen Haares ein rundliches, faltenüberzogenes Gesicht frei mit kleinen, lebhaften Augen und einem schmalen Mund, dessen eingefallene Lippen verraten, daß kein Zahn mehr vorhanden ist.

«Mein Herr», beginnt sie etwas kurzatmig, «ich bin die Tochter, die Witwe und die Schwester von Angestellten, die dem Staat treu und redlich gedient haben, und ich habe ein Unterstützungsgesuch an die Generaldirektion gerichtet... Ich möchte erfahren, ob ich etwas erhoffen kann.»

Der Unterdirektor hat diese einleitenden Worte angehört, ohne mit der Wimper zu zucken. Wieviel Bittstellereien dieser Art hat er schon erlebt!

«Haben Sie schon eine Beihilfe erhalten, gnädige Frau?» fragt er phlegmatisch.

«Nein, mein Herr, bis jetzt konnte ich leben, ohne die Hände hinhalten zu müssen... Ich habe eine kleine Pension und...»

«Ah!» unterbricht er sie und sagt trocken: «Dann fürchte ich, daß wir nichts für Sie tun können. Wir haben vielen Unterstützungsbedürftigen zu helfen, die nicht einmal über den Rückhalt einer Pension verfügen.»

«Entschuldigen Sie, mein Herr!», ruft sie verzweifelt, «ich habe Ihnen noch nicht alles gesagt... Ich hatte drei Söhne, sie sind alle tot. Der letzte gab Mathematikstunden. Letzten Winter, als er bei strömendem Regen vom Pantheon zum Collège Chaptal ging, erwischte er einen bösartigen Schnupfen, der in eine Lungenentzündung überging und ihn in 14 Tagen ins Grab brachte... Von seinen Stunden lebten wir, ich und sein Kind, denn er hinterließ mir eine Enkelin. Die Kosten der Krankheit und der Beerdigung haben mich ganz aufs trockene gesetzt. Ich habe meinen Pensionsanspruch verpfändet, um die dringlichsten Schulden zu bezahlen... So stehe ich nun ganz allein da mit der Kleinen und habe keinen Centime mehr, und ich bin 82 Jahre alt... Ein schönes Alter, nicht wahr?»

Unter ihren verknitterten Lidern sind die Augen der alten Bittstellerin feucht geworden. Der Unterdirektor hat ihr aufmerksam zugehört. Die etwas singende Sprechweise und gewisse mundartliche Wendungen der alten Dame klingen in seinen Ohren wider wie eine schon oft gehörte und einst vertraute

Melodie. Aus ihren Worten haucht ihn etwas wie ein Erdgeruch an, den er wiederzuerkennen glaubt, und der in ihm eine eigentümliche Empfindung weckt. Er klingelt, verlangt das Dossier der «Witwe Blouet», und dann, als der Kanzleidiener ihm mit feierlicher Gemessenheit das dünne Aktenbündel im gelben Deckel auf den Tisch legt, durchsieht er die Papiere mit sichtlichem Interesse.

«Sie sind Lothringerin, Madame», nimmt er wieder das Wort, und das Gesicht, das er der Witwe zeigt, ist weniger abweisend, ja, ein leichtes Lächeln spielt darin, «ich hörte es aus dem Tonfall Ihrer Rede gleich heraus.»

«Ja, mein Herr, ich bin aus den Argonnen... Wie, Sie haben das an meinem Akzent erkannt? Und ich hatte schon geglaubt, ihn verloren zu haben, wo ich doch nach allen vier Windrichtungen durch Frankreich herumgewandert bin wie ein Zigeuner.»

Der Unterdirektor betrachtet mit wachsender Teilnahme diese arme Angestelltenwitwe. Ein Windstoß hat sie ihrem heimatlichen Wald entrissen und wie ein dürres Blatt nach Paris gewirbelt, nachdem er sie lange Jahre über die öden Straßen des Bürokratenlebens dahingetrieben. Er fühlt, wie sein Bürokratenherz nach und nach weich wird, und wieder lächelt er, da er ihr nun antwortet:

«Auch ich bin aus den Argonnen, und ich habe

lange nahe bei Ihrem Dorfe gelebt, zu Clermont... Und nun, Madame, haben Sie guten Mut... Ich hoffe, wir werden die gewünschte Unterstützung erlangen... Haben Sie Ihre Adresse angegeben?»

«Jawohl, mein Herr, Santéstraße 12, neben dem Kapuzinerkloster... Vielen Dank! Ich gehe nun heim, beglückt durch Ihren guten Zuspruch und außerdem auch froh darüber, einem aus der Heimat begegnet zu sein.»

Und die alte Dame zieht sich zurück, indem sie eine Verbeugung über die andere macht.

Sobald sie verschwunden ist, erhebt sich der Unterdirektor und tritt an eines der Fenster, die auf die Gärten des Regierungsgebäudes gehen. Er drückt die Stirn an die Scheibe. Aber nicht die Wipfel der halbentblätterten Kastanienbäume sind es, die er betrachtet. Sein träumerisch gewordener Blick geht viel weiter, sehr weit, dorthin nach Osten, über die Ebenen und Kreidehügel der Champagne hinaus bis in ein Tal, das sich hinter einem großen Wald verbirgt, mit einem bescheidenen Flüßchen, das sein gelbes Wasser zwischen Pappelreihen dahinträgt, am Fuß einer kleinen, alten Stadt mit braunen Ziegeldächern... Dort hat er als Kind gelebt, dorthin kehrte er als Student jedes Jahr in den Ferien zurück. Sein Vater, der Friedensgerichtsschreiber, lebte dort das enge und bedrückte Leben des unbemittelten Kleinbürgers. Streng erzogen, von frühauf an genaue Pflichterfüllung und zähes Drauflosarbeiten gewöhnt, hat Hubert mit zwanzig Jahren die Heimat verlassen und ist nur noch einmal dorthin zurückgekehrt, zum Begräbnis seines Vaters.

Dank seiner reichen Begabung und seiner eisernen Willenskraft hat er, da er wie besessen arbeitete, rasch die Sprossen der Verwaltungsleiter erklommen. Mit 38 Jahren Unterdirektor sein, das gilt in den Kreisen der Verwaltungsbeamten als eine außergewöhnliche Karriere. Streng, pünktlich, gemessen und höflich, sorgfältig auf die Beobachtung der dienstlichen Vorschriften achtend, kommt er um zehn Uhr ins Ministerium, verläßt es erst um sechs und nimmt sich noch Arbeit mit nach Hause.

Da er wortkarg ist, wenn auch im Grunde ein fühlender Mensch, hält man ihn für zugeknöpft. Er meidet die Geselligkeit, und seine Tage sind von der Arbeit so in Anspruch genommen, daß er nie Zeit gehabt hat, ans Heiraten zu denken.

Und dennoch hat sein Herz einmal gesprochen, damals, in den Argonnen. Zwanzig Jahre war er gerade. Aber da er nur ein schäbiger Hilfsangestellter war und kein Vermögen besaß, gab das junge Mädchen, das er liebte, ihm einen Korb und suchte und fand eine bessere Partie. Mit einem wohlhabenden Holzhändler. Diese erste Enttäuschung hat in

Boinville einen bitteren Nachgeschmack hinterlassen, den seine Erfolge in der Verwaltungslaufbahn nie ganz verdrängt haben. Seine Seele wird diesen Hauch von Melancholie nicht los, und am heutigen Abend, nachdem er die alte Frau mit dem unvergeßlichen heimatlichen Akzent von ihrer Not hat erzählen hören, fühlt er sich von einer Trauer ergriffen, die ihn ganz in der Vergangenheit untertauchen läßt.

Wie man in einem Haufen toter Blätter wühlt, so ruft er nun, die Stirn an die Scheibe gelehnt, die Erinnerungen ferner Jugend wieder wach, die tief in seiner Seele schlummerten, und der Duft der in der Heimat verbrachten Jahreszeiten steigt ihm leise ins Bewußtsein.

Er kehrt zu seinem Sessel zurück, nimmt die Akten Blouet und notiert an den Rand: «Unterstützungsberechtigter Fall. – Zu bewilligen». Dann klingelt er dem Kanzleidiener und schickt ihn mit den Akten zu dem Unterkanzleivorsteher, der die Unterstützungsgesuche zu bearbeiten hat.

Am Tage, wo die Beihilfe amtlich bewilligt wurde, verließ Hubert Boinville die Kanzlei etwas früher als gewöhnlich. Es war ihm der Gedanke gekommen, seiner alten Landsmännin die gute Nachricht selbst zu überbringen.

Dreihundert Franken – gewiß nur ein Tropfen aus dem ungeheuren Reservoir des ministeriellen Budgets, aber im Budget der Witwe würde dieser Tropfen sich in einen wohltuenden Tau verwandeln.

Es war schon Anfang Dezember, aber das Wetter war mild, und Boinville machte den langen Weg bis zur Santéstraße zu Fuß. Als er sein Ziel erreichte, fing die Nacht schon an, dieses entlegene Stadtviertel in Dunkelheit zu hüllen. Im Schein einer vor dem Kapuzinerkloster stehenden Gaslampe bemerkte er die Hausnummer 12 über einer mittelgroßen Tür der Bruchsteinmauer. Sie stand halb offen, er brauchte sie nur aufzustoßen, so befand er sich in einem weitläufigen Garten, in dessen Schatten Gemüsebeete, Rosengebüsche und da und dort die Umrisse von Obstbäumen zu erkennen waren. Im Hintergrund beleuchteten zwei oder drei Lichter die Vorderseite eines rechtwinklig zum Garten stehenden Wohngebäudes. Er wandte sich tastenden Schrittes dem Erdgeschoß zu und hatte das Glück, auf den Gärtner in Person zu stoßen, der ihm die Treppe zur Wohnung der Witwe wies.

Zweimal war er auf den glitschigen Stufen gestolpert, dann klopfte er an eine Tür, unter der ein dünner Lichtstrahl hervorsickerte, und als sie sich öffnete, war er ganz erstaunt, ein junges Mädchen von etwa zwanzig Jahren vor sich zu sehen, das mit hochgehaltener Lampe auf der Schwelle stehen blieb und den Besucher mit erstaunten Augen anblickte.

Es war in Schwarz gekleidet und hatte lebhafte und gefällige Gesichtszüge. Das von oben fallende Licht gab ihrem leichtgekräuselten, kastanienbraunen Haar, ihren Grübchenwangen, ihrem lächelnden Munde und ihren klaren, blauen Augen die rechte Beleuchtung.

«Habe ich mich geirrt?» murmelte Boinville, «wohnt hier Frau Blouet?»

«Gewiß, mein Herr, wollen Sie, bitte, eintreten! ... Großmama, ein Herr, der dich zu sprechen wünscht!»

«Ich komme», antwortete eine dünne Stimme aus einem anstoßenden Gemach. Und eine Minute später kam die alte Dame herangetrippelt mit ihrem Haaraufsatz unter der schwarzen Haube und noch damit beschäftigt, die Bänder ihrer blauen Leinenschürze loszuknöpfen.

«Heilige Muttergottes!» rief sie betroffen, als sie den Unterdirektor erkannte. «Wie, Sie sind es, mein Herr? Entschuldigen Sie, ich erwartete nicht, daß ich die Ehre haben würde, Sie hier zu sehen... Claudette, biete doch dem Herrn Unterdirektor den Lehnstuhl an... Es ist meine Enkelin, mein Herr, das einzige, das mir auf der Welt noch geblieben ist.»

Hubert Boinville hatte sich in den alten, mit Wollplüsch überzogenen Lehnstuhl gesetzt und mit raschem Blick den Raum in Augenschein genommen, der zugleich Empfangs- und Speisezimmer zu sein schien. Wenig Möbel; ein kleiner weißer Steingutofen mit roter Marmorplatte; daneben ein geräumiger eichener Bauernschrank; in der Mitte ein runder, mit Wachstuch bedeckter Tisch, einige Strohstühle und an der Wand zwei alte, kolorierte Steindrucke; und alles war blitzsauber, und all die schlichten Dinge zauberten warme Gemütlichkeit ins Zimmer.

Er erklärte kurz den Zweck seines Besuches.

In überströmendem Dankgefühl rief die Witwe: «Ah, mein guter Herr, tausendmal Dank! Und ja, es ist schon so, wie die Leute sagen: Ein Glück kommt selten allein... Denken Sie nur, die Kleine hat ja ihre Prüfung bestanden, um in die Postverwaltung zu kommen, und einstweilen, bis ein Posten fällig wird, gibt sie sich ein bißchen mit Buchmalerei ab. Heute ist sie für einen großen Auftrag ausbezahlt worden, und wir haben beschlossen, heute abend Sankt Nikolaus zu feiern wie in den guten alten Zeiten... Erinnern Sie sich?»

«Aber, Großmutter», unterbrach das junge Mädchen sie lachend, «der Herr weiß nicht, was Sankt Nikolausabend ist. In Paris feiert man diesen Heiligen nicht.»

«O doch! Der Herr weiß ganz gut, was ich sagen

will. Er ist aus unserer Gegend, Claudette, er ist von Clermont.» «Sankt Nikolaus!» nahm der Unterdirektor das Wort, und seine traurige Miene hellte sich auf, «das will ich meinen! Tatsächlich, heute ist der sechste Dezember.»

Dieses Datum hatte ein ganzes Bündel von Kindheitserinnerungen in seinem Geiste entzündet, und ihr Leuchten und Strahlen erfüllte sein Herz mit eitel Freude. In ihrem hellen Lichte sah er wieder den mächtigen Kamin im Vaterhause, umklungen von den frohen Zurüstungen zum Fest; er hörte die quirlende Musik der Geigen, die straßauf, straßab die Mädchen zum jährlichen Tanzfest riefen; er besann sich der freudigen Aufregung des folgenden Morgens, wenn er mit nackten Füßen zum Herde lief, um seine Holzschuhe zu betasten, die Sankt Nikolaus nächtlicherweile, wenn er auf seinem Esel durch den Kamin herabgeritten kam, mit Spielsachen vollgepfropft hatte...

«Also heute abend», fuhr die Großmutter eifrig fort, «haben wir beschlossen, nur heimatliche Gerichte zu essen. Der Gärtner unten hat uns Kohlköpfe, Rüben und Kartoffeln gegeben, alles, was zu einer guten Brühe gehört für den Pot-au-feu; ich habe eine Lothringer Wurst gekauft, und als Sie eintraten, war ich eben daran, den Teig für einen Blitzkuchen zurechtzumachen.»

«Oh, ein Blitzkuchen!» rief Boinville aus, dem sich die Zunge immer mehr löste, «seit zwanzig Jahren habe ich den Namen nicht mehr gehört, und viel länger noch ist es her, seit ich den letzten Blitzkuchen gegessen.»

Seine Züge waren lebhafter geworden, und das junge Mädchen, das ihn heimlich beobachtete, glaubte, in seinen braunen Augen ein feinschmeckerisches Gelüsten zu entdecken.

Während er lächelnd der Erinnerung an die leckeren Speisen seiner Heimat nachhing, hatten die Großmutter und Claudette sich etwas abseits zurückgezogen und schienen ein wichtiges Gespräch zu führen.

«Nein, Großmutter», flüsterte das junge Mädchen, «es wäre indiskret.»

«Warum denn?» murmelte die Witwe, «ich bin sicher, es würde ihm Vergnügen machen.»

Und als er, neugierig geworden, hinschaute, kam die Großmutter auf ihn zu.

«Mein Herr», begann sie, «Sie waren schon so gut zu uns, und wenn es nicht zuviel verlangt wäre, hätte ich Sie noch um eine Gunst zu bitten... Es ist schon spät, und Sie haben noch eine gute Strecke Weges vor sich, ehe Sie zu Ihrem Abendtisch kommen. Sie würden uns viel Freude machen, wenn Sie von unserem Eierkuchen kosten wollten... Nicht wahr, Claudette?»

«Ja, gewiß, Großmutter, aber wir können dem Herrn nur ein schlechtes Essen bieten, und übrigens wird er ohne Zweifel zu Hause erwartet.»

«Nein, niemand erwartet mich», antwortete Boinville, im Gedanken an das Restaurant, wo er gewöhnlich seine einsamen und trübseligen Mahlzeiten einnahm. «Ich bin frei, aber...»

Noch zögerte er den Blick auf die lächelnden, wie Frühlingslicht leuchtenden Augen Claudettes gerichtet. Dann plötzlich rief er mit einer Ungezwungenheit, die er nicht an sich kannte:

«Nun ja, ich nehme ohne Umstände und mit Vergnügen an.»

«Schön, so ist's recht!» sagte, wieder ganz aufgemuntert, die alte Dame. «Claudette, was wollte ich dir gerade sagen? Decke sofort den Tisch, dann holst du Wein, und ich gehe meinen Eierkuchen backen.»

Schon hatte Claudette, flink wie eine Eidechse, den großen Schrank geöffnet. Sie nahm ein rotgestreiftes Tischtuch heraus, dann Servietten. Im Nu war der Tisch gedeckt. Sie zündete ein Handlicht an und ging hinunter, indes die Witwe, am Ofen sitzend, eine Handvoll Kastanien im Schoß, diese langsam spaltete und auf der Marmorplatte des Ofens ausbreitete.

«Finden Sie nicht auch, daß die Kleine flink und fröhlich ist?» sagte sie zum Unterdirektor «Sie ist mein Trost. Sie erfreut mein Alter wie eine singende Grasmücke auf einem alten Dach...»

Und sie plauderte weiter, während sie die Kastanien hin und her bewegte:

«Das Essen wird einfach sein, aber es wird von ganzem Herzen dargeboten, und dann wird es Sie ja auch an die Heimat erinnern.»

Claudette war wieder heraufgekommen, ihr Gesicht glühte vor Eifer, und sie war ein bißchen außer Atem. Die Frau brachte den dampfenden und würzig duftenden «Pot-au-feu», man setzte sich zu Tisch.

Zwischen dieser braven, seelenvergnügten Achtzigerin und dem heiteren, unbefangenen jungen Mädchen, vor diesem Tischtuch, das nach Lavendel duftete, in diesem fast ländlichen Milieu, in dem die Dinge der Vergangenheit lebendig wurden, tat Hubert Boinville der «Potée» alle Ehre an. Allmählich taute er auf und plauderte gemütlich, vergnügte sich an den lustigen Einfällen Claudettes und lachte mit einem frohen Kinderlachen, wenn die Großmutter ihre Sätze mit possierlichen Mundartausdrücken spickte. Von Zeit zu Zeit stand sie auf und ging in die Küche, um auf ihr Zwischengericht aufzupassen. Endlich erschien sie wieder, triumphierenden Blikkes, die gußeiserne Kasserolle emporhaltend, die von dem aufgequollenen Eierkuchen braun und goldig überkrustet war und einen appetitlichen Duft von

Orangenblüte verbreitete. Danach kamen die gerösteten Kastanien, die in ihrer aufgespalteten, rissigen Rinde noch knackten. Die alte Frau zog aus dem hintersten Winkel des Schrankes eine Flasche Fignolette hervor, ein Likör, den man dortzulande aus Branntwein und süßem Wein herstellt; dann, während Claudette den Tisch abdeckte, griff sie mechanisch nach ihrem Strickzeug und setzte sich, immer noch plaudernd, an den Ofen; aber in der wohligen Wärme und unter der Wirkung der Fignolette schlummerte sie bald ein.

Claudette hatte die Lampe mitten auf den Tisch gestellt. Hubert und das junge Mädchen saßen so fast Kopf an Kopf einander gegenüber, und Claudette, die von Natur heiter und frohsinnig war, bestritt fast allein die Kosten der Unterhaltung.

Auch sie hatte ihre Kindheit in den Argonnen bei einer alten Tante verlebt, und sie erinnerte Boinville an viele kleine lokale Eigentümlichkeiten, die sie ihm so genau schilderte, daß er sich unmerklich in das alte Provinznest zurückversetzt fühlte. Da es sehr warm im Zimmer war, hatte Claudette das Fenster etwas geöffnet; frische Luftzüge strömten herein mit den Gerüchen des Gemüsegartens, und man hörte den Tropfenschlag eines Brunnens im Steintrog gluckern, während etwas ferner eine Klosterglocke langsam den Angelus läutete.

Hubert Boinville hatte plötzlich eine Sinnestäuschung. Die lothringische Fignolette und die hellen Augen des hübschen Mädchens, das ihm das Bild der Waldlandschaft seiner Heimat vor die Seele zauberte, waren zum großen Teil schuld daran. Es war ihm, als sei er zwanzig Jahre jünger und als befinde er sich in einem ländlichen Hause irgendwo drüben in den Argonnen. Dieser Wind in den Bäumen, dieses frisch murmelnde Quellwasser, das war die schmeichelnde Stimme der Aire und das Brausen der Argonnenwälder; diese Glocke, die drüben läutete, war die der Pfarrkirche des Fleckens am Feste des heiligen Nikolaus... Zwanzig Jahre lang hatte seine Jugend unter papierenem Verwaltungskram im Grab gelegen, jetzt lebte sie in ihrer ganzen Kraft und Frische wieder auf – und vor ihm lachten die blauen Augen Claudettes so unbefangen, so strahlend wie ein April im Blütenschimmer, daß sein erstarrtes Herz wieder erwachte und in seiner Brust ein lustiges Ticktack schlug...

Die alte Dame war aus dem Schlaf aufgefahren und stotterte ein paar entschuldigende Worte. Hubert Boinville erhob sich; es war Zeit, sich zu verabschieden. Nachdem er Frau Blouet mit warmen Worten gedankt und versprochen hatte, wiederzukommen, reichte er Claudette die Hand. Sie begleitete ihn bis zur Haustüre, und als sie auf der Schwelle standen, drückte er ihr die Hand noch einmal, ohne ein Wort zu finden…

Und doch fühlte er sein Herz so voller Glück, der Unterdirektor, und als er sich dann allein in der Finsternis der Santéstraße sah, schien es ihm, als höre er im Himmel alle Geigen des Sankt Nikolausabends spielen.

Hubert Boinville leitete wieder seinen Bürobetrieb mit einem, wie es in der Amtssprache heißt, vorbildlichen und anspornenden Pflichteifer. Das Fließband der Verwaltungsmaschine schüttete ihm Tag für Tag auf den Schreibtisch sein Arbeitssoll an gewöhnlichen Berichten, wichtigen Berichten, ganz dringenden Berichten, Briefen und Entwürfen zu Ministerialerlassen. Die Sitzungen des Ministerrates, die Audienzen und die Ausschußberatungen überhäuften ihn derart mit Arbeit, daß er keine Stunde Zeit fand, um in die Santéstraße zu gehen.

Dennoch überkam ihn oft mitten in der Arbeit die Erinnerung an den Nikolausabend. Öfters schon hatte ihn das strahlende Bild der schönen Augen Claudettes von der Lektüre eines Aktenstückes abgelenkt. Ihre Erscheinung gaukelte über die Papierwische wie ein leichter, blauer Schmetterling; sie begleitete ihn am Abend, wenn er seine trübselige Junggesellenwohnung aufsuchte, und schien ihm spöttisch zuzuschauen, wenn er das schlecht brennende Feuer schürte. Dann dachte er an das gute Essen in dem kleinen, traulichen Zimmer, wo der Ofen so fröhlich bummerte, und an das lustige Geplauder des jungen Mädchens, das für eine kurze Zeit in ihm die Empfindungen seiner Zwanzigerjahre wieder geweckt hatte. Im grauen Einerlei seines Beamtenlebens hob sich jener Abend in der Santéstraße wie eine sonnige Lichtung aus dem Nebelgrau einer endlosen Öde.

Eines Tages, es war ein trüber, später Dezembernachmittag, öffnete der Kanzleidiener wieder diskret die Tür des Büros eine Spalte weit und meldete mit gewichtiger Miene: «Frau Witwe Blouet.»

Boinville sprang eilfertig auf, um die Besucherin zu empfangen. Er wies ihr einen Sitz an und fragte, wie es ihrer Enkelin gehe.

«Danke, mein Herr», antwortete sie, «der Kleinen geht es gut. Mit ihrem Besuch haben Sie uns Glück gebracht. Sie suchte schon lange eine Stelle in der Postverwaltung... Gestern hat sie ihre Ernennung erhalten, und ich wollte Paris nicht verlassen, ohne mich von Ihnen verabschiedet und Ihnen unseren Dank ausgesprochen zu haben.»

Boinville fühlte eine Beklemmung in der Brust.

«Sie verlassen Paris?» fragte er, «die Stelle ist also in der Provinz?»

«Jawohl, in den Vogesen. Und natürlich gehe ich mit Claudette. Ich bin zweiundachtzig Jahre alt, mein lieber Herr, da hat man nicht mehr viel Zeit, auf dieser Welt zu leben, und wir wollen uns nicht trennen.»

«Reisen Sie bald?»

«In der ersten Hälfte Januar... Auf Wiedersehen, mein Herr, Sie sind sehr gütig gegen uns gewesen, und Claudette hat mir ans Herz gelegt, Ihnen auch in ihrem Namen zu danken...»

Der Unterdirektor war so betroffen und von inneren Überlegungen so hingenommen, daß er nur ein paar Silben hervorbrachte. Als die alte Dame fort war, saß er noch lange mit aufgestützten Ellbogen an seinem Tisch, den Kopf zwischen den Händen. In der Nacht schlief er schlecht, und am nächsten Morgen war er sehr übellaunig gegenüber seinem Personal. Irgend etwas trieb ihn immer wieder von seinem Sitz. Und kaum daß es drei Uhr war, bürstete er seinen Hut, verließ das Ministerium und sprang in einen vorbeifahrenden Mietwagen.

Eine halbe Stunde später durchquerte er, ein Zittern in allen Gliedern, den Gemüsegarten des Hauses Nummer 12 in der Santéstraße und klingelte an der Tür von Frau Blouet.

Claudette war es, die ihm öffnete. Als sie den Unterdirektor sah, überlief sie ein Zittern, dann wurde sie ganz rot, während ein Lächeln ihre blauen Augen überflog.

«Großmutter ist ausgegangen», sagte sie, «aber sie muß bald wiederkommen, und es wird ihr eine Freude sein, Sie zu sehen.»

«Es ist nicht Frau Blouet, wegen der ich komme, sondern ich komme wegen Ihnen, Fräulein.»

«Wegen mir?» murmelte sie verwirrt.

«Ja, wegen Ihnen!» wiederholte er rasch.

Er hatte einen Druck im Halse, er suchte nach Worten und fand sie nur mühsam.

«Sie wollen also immer noch im Januar wegfahren?»

Sie antwortete mit einem bejahenden Kopfnicken.

«Fällt es Ihnen nicht schwer, Paris zu verlassen?»

«Oh, doch... Es macht mir das Herz schwer... Aber je nun! Dieser Posten ist für uns ein großes Glück, und Großmutter kann wenigstens ihre letzten Jahre in Ruhe verbringen.»

«Und wenn ich Ihnen ein Mittel verschaffe, in Paris zu bleiben und zugleich Frau Blouet ihre Altersruhe und Versorgung zu sichern?»

«Oh, mein Herr!» rief das junge Mädchen mit aufleuchtendem Gesicht.

«Es ist ein drastisches Mittel», sagte er zögernd, «vielleicht werden Sie finden, daß es über Ihre Kraft geht...»

«Ich fühle in mir Kraft genug... Sagen Sie es ruhig, mein Herr.»

«Nun denn, Fräulein...»

Er hielt inne, um neuen Atem zu schöpfen, dann fügte er ganz schnell, fast schroff hinzu:

«Wollen Sie meine Frau werden?»

«Mein Gott!...» stammelte sie, und die Erregung verschlug ihr die Sprache.

Auf ihrem Gesicht zeichnete sich eine heftige Überraschung ab, aber es war kein Erschrecken. Ihre Brust hob und senkte sich, ihre Lippen blieben halb geöffnet, aber ihre großen, blauen Augen leuchteten in einem weichen Glanz.

Boinville aber, nun, er wagte nicht, sie anzuschauen, aus Angst, er werde auf ihren Zügen eine demütigende Abweisung lesen. Aber sein langes Schweigen wurde ihm selbst peinlich, und so fragte er dennoch, ohne den Kopf zu heben:

«Finden Sie mich zu alt? Sie sehen ja aus wie ganz erschreckt...»

«Erschreckt?» fragte sie unbefangen. «Nein. Aber verwirrt und... glücklich! Es ist zu schön... Ich wage nicht, daran zu glauben.»

«Liebes Kind!» rief er und ergriff ihre Hände, «glauben Sie daran, und glauben Sie besonders, daß ich es bin, der der wahre Glückliche ist, denn ich liebe Sie.»

Sie blieb stumm, aber ihre strahlenden Augen waren so überströmt von Dank und Zärtlichkeit, daß Hubert Boinville sich nicht mehr täuschen konnte. Sie sagten ihm mit sonnenklarer Gewißheit, daß auch sie sich beglückt fühlte, und er zog sie näher an sich.

«Heilige Muttergottes!» rief die alte Dame, die eben ankam.

Sie wandten sich zurück, er ein bißchen verlegen, sie mit ganz rotem, leuchtendem Gesicht.

«Frau Blouet», sagte endlich ganz fröhlich Hubert Boinville, «nehmen Sie keinen Anstoß! An jenem Abend, wo ich mit Ihnen speiste, ist Sankt Nikolaus durch meinen Kamin herabgestiegen wie einst, als ich ein Kind war, und er hat mir eine Frau gebracht... Hier ist sie, es ist Ihre Enkelin. Wir werden möglichst bald heiraten, wenn Sie nichts dagegen haben.»

HEUTE FRÜH, IN DIESEM VIERTEL...

Heute früh, in diesem Viertel,
ein paar Stunden vor der Mette,
hörten wir den Branntweinhändler.
Nicht mehr rief er: «Feinster Branntwein!»
Nein, so wie ein Tauber schrie er,
daß um Mitternacht es tage.

Und es war so, wie er sagte.
Nie ward je gesehn dergleichen,
denn gleichzeitig sah ein jeder
Wirrnis im Naturgeschehen,
und es war, als ob die Sonne
keine Lampen dulden wollte.

Ein vernünft'ger Mensch, den immer
man für weise hielt, der sagte:
«Heut muß Gott geboren sein!»
Solch ein Mensch verdient ein Denkmal,
sprach doch niemals einer besser
von der Wahrheit unsres Gottes.

Und in diesem glückerfüllten
Augenblick gebar die Jungfrau
ohne Schmerzen den Erlöser.

Nur ein Stall ward ihm zum Schlosse,
Hofgesind ihm Ochs und Esel.

Diese Tiere waren beide
hier im Stalle voller Freude.
«J-a, j-a», schrie der Esel,
und der Ochs das Kindlein leckte.
Also singen wir zusammen:
Weihnacht! Weihnacht!

(um 1654)

Laurent Roux

WEIHNACHTSLIED FÜR MARIA

Für sie, die zu unsrem Heile
uns des Lebens Frucht gebracht,
für Maria singen heute
fröhlich wir ein Weihnachtslied.

Joseph und Maria gingen
abends spät nach Bethlehem,
aber Wirte und Wirtinnen
schätzten sie nicht allzusehr;

gingen durch die Stadt und suchten
Unterkunft von Tür zu Tür,
da die Jungfrau der Geburt
ihres Kindleins nahe war.

Und so kamen sie zu einem
reichen Mann und baten leis
und demütig ihn um Herberg.
«Habt Ihr Pferde?» war die Antwort.

«Seht, wir haben einen Ochsen
und auch einen Esel hier...»
«Ihr scheinet arm, bei meiner Seele,
Euch beherberge ich nicht.»

Nun sah Joseph einen, der ihm
zurief: «Böser Bauer, hör,

wohin führst du diese Frau,
die kaum fünfzehn Jahre zählt?»

Joseph blickte auf Maria,
deren Herz am Springen war...
«Liebste Freundin», sprach er, «sag mir,
wo verbringen wir die Nacht?

Hier gibt es nur einen alten
Stall, darin wir könnten ruhn...»
Ach, der Jungfrau schwere Stunde
rückte immer näher schon.

Und so brachte sie zur Mitte
dieser Nacht das Kind zur Welt,
doch ihr Kleid war ungefüttert
und als Schutz nicht warm genug.

Daher barg sie es in einer
Krippe, auf ein wenig Stroh,
legte unter des Allmächt'gen
Haupt zum Schlummer einen Stein.

Also bitten wir die Jungfrau,
zu erflehn von ihrem Sohn
uns ein Leben, das dereinst
führe uns ins Paradies.

(um 1520)

Jean Chapelon

EIN ENGEL SPRICHT ZU MARIA...

Ein Engel spricht zu Maria:
Schöne, Ihr seid erkoren
zur Mutter eines Gottes.
    Die Vorsehung
    wählt diese Welt,
zu schützen die Unschuld
des elenden Menschen,
der hier sich verhärmt.

    Der heil'ge Geist
wird dies Geheimnis wahren.
Ihr werdet Jungfrau sein und Mutter,
    und Euer Glaube,
dem einen neuen König Ihr gebärt,
gibt ihm ein neu Gesetz.
Die liebliche Jungfrau,
sie bringet den Spender
des Lebens zur Welt;
damit wir lobsingen:
    Weihnacht! Weihnacht!

(um 1674)

Ernest Hello

AUF DER SUCHE

Er war Asiens größter König, und im Vergleich zu seiner Herrlichkeit muteten die orientalischen Märchen wie bürgerliche Geschichten an. Versucht nicht, ihr, im Westen, euch ein Bild davon zu machen. All eure Pracht ist Mist dagegen.

Jede Säule seines Vorhofs hätte die Hauptstadt eines großen Reiches berühmt machen können.

Die Diener, die ihn auf den Knien bedienten, berührten mit der Stirn den Boden, wenn sie ihm nahe kamen. Sie taten es freiwillig, instinktiv, als seien sie nicht dazu gezwungen, sondern wahrhaft niedergeschmettert von der furchtbaren Majestät ihres Herrn.

Die Vorstellung der Glückseligkeit wurde im Geiste seiner Untertanen eins mit dem Schauspiel dieser Macht und dieses Reichtums. Sie wagten nicht zu sagen: «glücklich wie ein König», aus Furcht, etwas mit dem Glück ihres Herrschers zu vergleichen.

Das Volk selbst schien immerwährenden Festtag zu haben, weil es einen solchen König besaß. Man hätte glauben können, es sonne sich im Anblick dieses Glückes.

Seit einiger Zeit jedoch verdüsterte sich der Himmel. Die Sonne hatte blasseren Schein, das Volk war minder froh. Aber keiner wagte sich zu fragen, ob vielleicht eine Wolke sich vermessen hatte, die Stirn des Herrschers zu verdüstern.

Und doch war es so. Eine Wolke hatte gewagt, über die Stirn des Gebieters zu ziehen.

Der König war meistens unsichtbar. Zurückgezogen lebte er im entlegensten Teil seines Palastes und sah nur jene Großen seines Hofes, denen er kundgetan, sie sehen zu wollen. Über jene aber, die ihn ohne seinen Befehl oder seine Erlaubnis gesehen hätten, war die Todesstrafe verhängt.

Eines Tages versammelte er alle Großen seines Hofes, alle Weisen seines Reiches um sich und sprach zu ihnen:

«Mein Geist ist beunruhigt durch ein neues Verlangen, das ihn verwirrt und beschwert. Meine Ehren sind mir zur Last geworden, und das Regieren meines Reiches langweilt mich. Ich möchte wissen, wo Gott, der Herr ist; seinen Namen möchte ich kennen.»

Jeder der Großen, jeder der Weisen schlug einen Namen vor.

Während dieser Sitzung vernahm man plötzlich aus dem Hofe des Palastes einen merkwürdigen Lärm.

«Was ist los?» fragte der König. – «Sire, hört nicht hin. Es ist nur ein Hund, den Eure Diener verjagen.»

Es war kein Hund, wohl aber ein Bettler. Doch dieser Bettler, der im ganzen Lande bekannt war, wurde von allen nur *der Hund* genannt, so armselig war er. Mit ihm verglichen, sahen die andern Bettler wie orientalische Fürsten aus. Wenn man ihn so sah, hätte man wirklich glauben können, er gehe auf allen vieren, man wußte nicht recht, ob dieses Wesen ein Mensch oder ein Tier sei.

Die Sitzung im Palast wurde fortgesetzt. Es war eine lange, weise Beratung, bei der verschiedene Reden gehalten wurden.

Während der folgenden Tage und Nächte jedoch verdüsterte sich die Stirn des Königs mehr und mehr. Dunkler lastete die Wolke über dem Angesicht des Volkes.

Dennoch herrschte an diesem Abend im Palasthofe eine Weile frohe Heiterkeit, und zwar im Augenblick, als man sich erzählte, *der Hund* habe den

König der Könige sehen wollen, ihn, dem sich kein Mensch nahen durfte. Für diesen an sich schon amüsanten Versuch hatte er ausgerechnet den ungeeignetsten und feierlichsten Augenblick im Leben des Fürsten gewählt.

Immer finsterer wurde die Stirn des Königs.

Zum zweiten Male berief er die Großen und Weisen seines Reiches ein. Er befahl ihnen, sich mit Magiern und Sterndeutern zu umgeben.

Als der König sie kommen sah, erhob er sich mit einer Gebärde des Schmerzes von seinem Thron und sagte: «Noch immer habe ich den Frieden nicht gefunden. Weiß einer von euch den Namen Gottes, unseres Herrn?»

Jeder gab seine Antwort kund. Die Reden, viel länger vorbereitet als das erste Mal, waren voll von einer unergründlichen Gelehrsamkeit, und jeder sagte sich in seinem Herzen:

«Wenn ich es bin, der dem König den Namen Gottes offenbart, dann sind Gott und der König die einzigen, die wissen, in welchem Maße sich mein Vermögen mehren wird und welcher Thron meiner wartet.»

Und wiederum ertönte Lärm aus dem Hofe des Palastes. *Der Hund* war zurückgekehrt und wurde zum zweiten Male fortgejagt; immer wieder durchbrach Gelächter das Stimmengewirr, denn *der Hund*

bestand darauf, mit dem Herrscher zu sprechen. Beschimpfungen und Steine, mit denen man ihn überschüttete, Gelächter, mit dem sein Flehen beantwortet wurde, das alles erregte die Aufmerksamkeit des Fürsten, der dieses Bild vom Fenster aus betrachtete. Seine finstere Stirn entfurchte sich, als er sah, welch ein Wesen, halb Mensch, halb Hund, es wagte, vor ihm zu erscheinen, dazu in einem solchen Augenblick... Der Herrscher brach in Lachen aus. Die Großen und die Magier indes, die das gleiche Bild vor Augen hatten, aber nicht zuerst zu lachen wagten, bekamen nun ebenfalls ihre Lachanfälle, da der König durch sein eigenes Gelächter auch den andern zu lachen erlaubte.

Doch die Fröhlichkeit dauerte nicht lange. – Die Traurigkeit, die ihr folgte, war so tödlich, daß die Worte auf den Lippen der Gelehrten verstummten. Sie brachen auf, einer nach dem andern; so hochgemut sie bei ihrer Ankunft waren, so niedergeschlagen und erschrocken waren sie nun bei ihrer Abreise; denn sie fürchteten den Zorn des Königs.

Von diesem Tage an glaubte jeder, der am Palast vorüberging, an dessen Portal einen schwarzen mit goldenen Sternen besäten Behang zu sehen. Der Tod des Königs war das Thema aller Gespräche. Der Schlaf hatte sein Lager geflohen, wie das Lächeln seine Lippen. Er hatte sein Bildnis mit einem Schleier verhüllen lassen. Seiner selbst müde, war er auch seines Bildes müde geworden.

Inzwischen war eine dritte Beratung anberaumt worden. Der Haushofmeister hatte Vorkehrungen getroffen, daß sich der absonderliche Zwischenfall mit *dem Hund* nicht wiederholen konnte.

Magier aus dem hintersten Asien wurden berufen, ferne Magier zur Unterstützung der andern. Persien und Indien entsandten jene, die ihnen von der Stimme des Volkes bezeichnet wurden. Alles, was in Asien an Größe, Herrlichkeit, an Weisheit und Pracht zu finden war, all das bestieg Elephanten und Kamele; und das alles fiel am festgesetzten Tage und zur angegebenen Stunde auf die Knie mit dem Antlitz zur Erde. Die Könige sahen am Hof des Königs der Könige wie livrierte Diener aus.

Aber der König der Könige war bleich, denn der Schlaf gehörte nicht zu seinen Untertanen; wenn er auch befahl: «Komm Schlaf!», so kam er dennoch nicht.

So war ihm alles untertan mit Ausnahme des Schlafes, und seine Wut wandte sich gegen diesen Empörer. Bald beschimpfte er ihn, bald flehte er ihn wieder an.

Seit der Haushofmeister Befehl gegeben hatte zur strikten Fernhaltung des *Hundes*, seit auch die Umgebung des Palastes dem *Hunde* streng verboten war, als fürchtete man, er könnte durch sein Bellen die Stille der Nacht des Königs stören, seit diesem Augenblick war auch der Schlaf dem Palaste ferngeblieben.

Der Schlaf, das Lachen und das Vergessen mieden wie drei Verbannte den Palast, dann aber auch die Behausungen des Volkes.

Schlaflosigkeit, Trauer und Sorge saßen auf der Schwelle des Palastes und der Paläste; darauf schickten sie ihre Töchter aus und hießen sie, sich auf den Schwellen der Hütten niederzulassen.

Daher war der König so bleich, als die Könige Asiens, gefolgt von ihren Weisen, ihren Elephanten und Kamelen ankamen.

Die Elephanten und Kamele waren mit den kostbarsten Geschenken beladen. Aber der bleiche König umfaßte mit einem blicklosen Auge die Herrlichkeiten, die ihm dargebracht wurden, und sein Auge schien zu sagen:

«Ist auch der Schlaf unter euren Gaben? Wißt ihr den Namen Gottes, unseres Herrn?»

Ganz Asien schüttete seine Schätze aus in den Palast des Herrschers: die Schätze seiner Beredsamkeit und seiner Gelehrsamkeit, aber auch alle jene seiner Industrie.

Die Könige und Weisen blickten einander an; sie schauten auch auf die Stirn des Königs, und von dieser Stirne fielen ihre Augen auf andere Stirnen; eifersüchtig auf den andern, suchten sie einander auszustechen, und jeder wollte den eigenen Triumph auf der Stirn des Königs lesen.

Doch der König erhob sich, ohne zu antworten. Er gönnte ihnen keinen Blick, nein, nicht einmal einen Blick der Verachtung. Er erhob sich und verschwand. Die Türe schloß sich hinter ihm, und keiner wagte, ihm zu folgen. Als man nach der ersten Überraschung fragte: «Wo ist der König?», fand jeder statt einer Antwort eine Frage auf den Lippen des andern. Alle, die einen wie die andern, fragten sich: «Wo ist der König?»

Die Nacht senkte sich zur gewohnten Stunde über den Palast. Aber der König war noch nicht gefunden worden.

Dies führte unter der Dienerschaft zu einem seltsamen und eigenartigen Wetteifer. Wer wird seinen Aufenthalt erraten?

Man sucht, durchsucht! Man späht in alle Winkel, in die unwahrscheinlichsten Verstecke. Der König blieb verschwunden. Die Nacht verging in vergeblichem Suchen, das schließlich in ein wildes Herumtreiben ausartete. Jeder zweifelte am eigenen wie am Verstande des andern. Der Palast mutete wie ein Irrenhaus an.

Unterdessen zog durch Asien und bald auch durch

Afrika, eine Karawane. Esel und Kamele waren die Reittiere der Pilger. Jeder nannte sein Reiseziel; nur einer unter den Reisenden verschwieg es; dieser war ein wirklich eigenartiger Mensch. Er war prächtig gekleidet und von Dienern umgeben, die nicht aus dem gleichen Lande stammten wie er, die er erst seit seinem Aufbruch in seine Dienste genommen hatte. Er verriet keinem Menschen seinen Namen. Macht strahlte von seiner Stirne, und sein Stab glich einem Szepter. Er ließ sich einfach Pilger nennen. Fragte man ihn, wohin er reise, so antwortete er: «Ich weiß es nicht.»

Überall, wo ein berühmter Mann seine Spuren hinterlassen hatte, verweilte der Pilger. Viele Stunden verbrachte er dann an jenem Ort. Er erforschte die berühmten Stätten und Inschriften, befragte die Menschen, wühlte in den Dingen.

Hatte der Fuß eines berühmten Mannes seine Spur im Sande zurückgelassen, ließ er sich am Meeresufer auf einen Stein nieder und stützte den Kopf in die Hände. Und wenn die Sonne in den von ihrem Bilde erglühenden Ozean niedertauchte und der Mond gelassen und heiter am andern Ende des Horizontes aufging, überdachte er in seinem Gedächtnis, ohne nach links oder rechts zu blicken, alle seine Forschungen, die Arbeiten und Studien seines Tages.

Die erhabenen, von der Menge besuchten Grabmäler zogen ihn vor allem an.

An den Stätten, wo sie gelebt, an jenen, wo sie ihren Tod gefunden, suchte er nach den Spuren der Weisen.

Er wollte sich an ihrem Geist begeistern. Er meditierte über ihren Gräbern. Zuweilen auch dachte er an sein eigenes Grab. Die Zeremonie seiner Leichenfeier tauchte auf dem Grunde seines Denkens auf. Er sah, wie man ihn von Weisen und Königen eskortiert, zur letzten Ruhe geleitete. Aber von diesem letzten Geleite waren die Armen ausgeschlossen. Er vergaß sie in seinem Traume. Ob ruhmreich oder traurig, die Träume dieses Pilgers waren stets voll von starken Dingen und starken Menschen. In meiner Eigenschaft als Forscher erforsche ich sie. Ich sehe sie wimmeln von Helden. Stärke wohnt ihnen inne, durchdringt sie ganz; sie bewundern das Kraftvolle, das Kühne, den unternehmenden Geist. Sie bewundern das Ehrfurchtgebietende und bewundern – ohne es zu wissen, was reich ist. Ich sehe den Pilger selbst in seinen Träumen; ich sehe, wie er sich betrachtet: zuerst als König, dann als Pilger. Ich sehe ihn besorgt um seine Größe, sehe ihn in seiner Glorie einherwandeln. Mir scheint, der Pilger verherrliche in seinen eigenen Augen den König. Mir scheint, seine Reise erscheine ihm bedeutungsvoller als sein Thron. Seine Forschungsreise um die Welt kommt ihm wie der größte, sich selbst gegebene Beweis seines Reichtums und seiner Macht vor. Er schmückt sich innerlich mit dem Glanz der Herrlichkeiten, die er betrachtet. Ihm ist, als trinke und verzehre er das Wesen der großen Männer, die überall da, wo er vorbeikommt, gelebt haben. Ich erforsche immer wieder mit jener Indiskretion, die den Erzähler kennzeichnet und mit dem Recht, das seiner Lage zukommt, die Träume des Pilgers. In diesen erforschten, durchwühlten Träumen finde ich nicht die Tränen jener, die er unglücklich und erschrocken zurückgelassen in den Gegenden, aus denen er wieder fortgezogen ist. Ich sehe sie nicht, die Stätte der Trostlosen. Ich sehe nicht die Erinnerung an Frauen, die um Brot betteln für ihren kranken Mann. Schiffe und Kamele sehe ich, aber keine Danksagung eines Unglücklichen, und doch weiß ich, es gibt viele Unglückliche in seinem Reiche. Aber allem ist hienieden ein Ende gesetzt, und auch die Reise um die Welt ist bald zu Ende. Man kann nicht immerzu gehen. Der Aufbruch droht zur Rückkunft zu werden.

Eines Tages erblickte man den König wieder im Palast.

Es gab eine unbeschreibliche Aufregung. Man umdrängt ihn; man schreit; man zittert; man flieht sogar. Wer aber vermöchte in all diesen Ausbrüchen das Wahre vom Falschen zu unterscheiden, das Aufrichtige von der Lüge? Der Zurückkehrende kam als Gebieter, und er verlangte von niemandem zu wissen, ob er Recht oder Unrecht getan habe, fortzugehen.

Nun genoß er lustwandelnd die Herrlichkeit seiner Gärten, erging sich in der Pracht seiner Paläste und kehrte zurück in die Schönheit seiner Räume.

Die Menge seiner Höflinge stritt sich um einen seiner Blicke, gierte nach einem Lächeln.

Er aber saß auf seinem Thron. Alle blickten zu ihm auf, alle zitterten. Sein Haar war nun weiß, sein hochmütiges Antlitz durchfurcht von merkwürdigen Falten. Seine Augen waren ungetrübt, unbewegt und kalt. Ein seltsamer Stolz, vollbracht zu haben, was er vollbracht hatte, wenn auch vergeblich, der Stolz, zu sein, was er war, wenn auch unnütz, hüllte seine Verzweiflung in das Gewand der Verachtung, in den Mantel des Übermuts.

Seine Stirne trug die Falte eines düsteren und uneingestandenen Schmerzes, der nichts Ergreifendes an sich hatte. Der Prunk, der ihn umgab, war voller Reichtum, doch bar aller Majestät. Eine gewisse Ironie, unbestimmt in ihrer Ursache und ihrer Wirkung, umspielte seine Lippen, und wenn sie sich erschlossen hätten, würden sie wohl gesagt haben:

«Ich habe den Namen Gottes, unseres Herrn,

nicht gefunden. Auch wenn ich mich noch einmal auf die Suche machen müßte, würde ich es genau so machen, wie ich es gemacht habe, nicht anders.»

Plötzlich stieß der König einen leichten Seufzer aus, sank in sich zusammen und glitt von seinem Thron auf den Teppich nieder, auf dem der Thron sich erhob.

Der erste Hofarzt näherte sich, was die andern Anwesenden nie gewagt hätten. Er drückte den Finger auf die Stelle, wo der Puls hätte klopfen müssen.

«Er ist tot», erklärte er.

Am nächsten Tage nahmen die Könige Asiens teil an der Leichenfeier des Königs der Könige.

Zufällig aber war der *Hund* auf den Befehl des Haushofmeisters auf eine Entfernung vom Palaste verbannt worden, die sich gerade bis zum Friedhof erstreckte.

Als nun das letzte Gefolge des Königs der Könige vorbeizog, sah man den Bettler der Bettler am Strassenrande vor der Friedhofpforte liegen.

Und auf dem Grunde der Schale, die er den Vorübergehenden entgegenstreckte, waren vier Buchstaben zu lesen.

Es war der Name Gottes unseres Herrn.

Barthélemy Aneau

VERKÜNDIGUNG AN DIE HIRTEN

Hirten, die ihr da wacht auf dem Feld,
höret mein Wort und mein Lied.
Ich verkünde euch eine
fröhliche Botschaft:
Gott ist geboren,
uns zu erlösen.
Geht und fallet ihm auf die Knie.

(Die Hirten brechen auf)

Lasset uns wandern, leicht wie der Wind,
folgt mir, ich gehe voran.
Heil Israels König
Weihnacht, Weihnacht, Emmanuel!

(Die Hirten)

Des ewigen Gottes Sohn,
des ewigen Vaters Wort.

(Alle)

Kleines Kind, wir bitten dich,
zu hüten unsre Lämmer
vor Biß und Wut des tollen
des großen Höllenhunds
voll Grausamkeit.

(gest. 21.6.1565)

Philippe Bourdonneau

MARIA ENTHÜLLT UNSERN AUGEN ...

Maria enthüllt unsern Augen
das Schönste, was Erde und Himmel
in ihrem Schoße bergen.
Das Kind in ihren Händen,
das in dem Stalle wimmert,
ist Gott, die Gottheit der Menschen.

Nicht Kindheit, nicht Armut rauben
ihm einen Strahl seines Glanzes,
der Engel läßt erzittern,
die wirklich ihn umringen
und Lobeshymnen singen
vom König, dem König der Liebe.

Wer wird seine Güte nicht preisen?
Um Frömmigkeit uns zu verleihen,
will er, daß man ihn küsse,
die kleinen Hände küsse;
denn er ist begierig zu schaffen,
erhabene Heil'ge zu schaffen.

Steig auf, meine Seele, zum Himmel,
durcheile alle die Stätten
der Sphäre, die uns zu eigen.

PHILIPPE BOURDONNEAU

Ich will, daß man überall wisse,
daß dieser Erlöser der Menschen
mein Herz ist, mein Herz und mein alles.

(um 1671)

Guy de Maupassant

WEIHNACHTSNACHT

R*éveillon!** *Réveillon!* Ha! Nein, nie mehr werde ich *Réveillon* feiern!» sagte der dicke Henri Templier in so aufgebrachtem Tone, als habe man ihm etwas Schändliches zugemutet.

Die andern riefen lachend: «Warum bist du eigentlich so wütend?»

«Weil mir der *Réveillon* den übelsten Streich gespielt hat, den ihr euch denken könnt. Seither habe ich gegen diese Nacht mit ihrer ausgelassenen Fröhlichkeit einen unüberwindlichen Abscheu.»

«Wieso?»

«Wieso? Wollt ihr es wissen? Nun ja, so hört:

Vielleicht erinnert ihr euch noch, daß heute vor zwei Jahren eine grimmige Kälte herrschte; eine

* Réveillon = Weihnachts- oder Silvesternacht

Kälte, die den armen Leuten auf der Straße das Leben hätte kosten können. Die Seine war zugefroren, und auf dem vereisten Gehsteig erstarrten die Fußsohlen in den Schuhen. Die Welt schien vor Frost dem Bersten nahe.

Ich war damals an einer großen Arbeit und lehnte jede Einladung für den *Réveillon* ab. Ich zog vor, den Weihnachtsabend am Schreibtisch zu verbringen. Ich aß allein zu Nacht. Dann machte ich mich an die Arbeit. Doch gegen zehn Uhr befiel mich plötzlich eine leise Erregung beim Gedanken an die festliche Lust, die jetzt in Paris herrschte, an den Lärm in den Gassen, der mir an die Ohren schlug, die Vorkehrungen meiner Nachbarn zum Nachtessen, die durch die Wände hindurch zu hören waren. Ich wußte nicht mehr, was ich machte; ich schrieb nur noch dummes Zeug und begriff, daß ich jede Hoffnung aufgeben mußte, in dieser Nacht etwas Vernünftiges zu produzieren.

Erst lief ich ein wenig im Zimmer auf und ab; ich setzte mich, stand wieder auf. Gewiß erlag ich dem geheimnisvollen Einfluß der Freude, die draußen herrschte, und ich ergab mich.

Ich klingelte meiner Zofe und sagte: «Angèle, holen Sie rasch etwas ein zu einem Nachtessen für zwei: Austern, ein kaltes Rebhuhn, ein paar Krebse, Schinken... auch Kuchen. Bringen Sie zwei Flaschen

Champagner herauf, decken Sie den Tisch und gehen Sie dann zu Bett.

Sie gehorchte, ein wenig überrascht. Als alles bereit war, schlüpfte ich in meinen Überzieher und ging aus.

Nun stand ich nur noch vor der Frage, mit wem ich *Réveillon* feiern wollte. Meine Freundinnen waren da und dort eingeladen. Um eine von ihnen zu erreichen, hätte ich mich vorher darum bemühen müssen. So nahm ich mir vor, gleichzeitig etwas Gutes zu tun. Ich sagte mir: Paris ist voller armer und hübscher Mädchen, die kein Abendbrot auf ihrem Tische haben und auf der Suche sind nach einem großherzigen Jungen. Ich will für eine dieser Enterbten den Weihnachtsengel spielen.

Ich werde also herumstreifen, Vergnügungslokale aufsuchen, fragen, herumjagen und mir nach Belieben eine wählen.

So begann ich, die Stadt zu durcheilen.

Gewiß, ich begegnete vielen armen Mädchen, die auf Abenteuer aus waren. Aber entweder waren sie häßlich, daß es einem hätte übel werden können, oder so mager, daß man auf der Stelle vereist wäre, wenn sie stehen geblieben wären.

Wie ihr wißt, habe ich eine Schwäche für volle Frauen, je voller, desto besser. Um ein Riesenweib könnte ich den Verstand verlieren.

Gegenüber dem Varieté-Theater entdecke ich plötzlich eine Gestalt, ganz nach meinem Geschmack: einen Kopf, vorn die beiden Hügel der sehr schönen Brust und weiter unten die überraschende Rundung des Leibes, gleich dem Bauch einer fetten Gans. Ich erschauerte und murmelte vor mich hin: «Sapristi, welch schönes Mädchen.» Eins nur blieb noch abzuklären: das Gesicht.

Das Gesicht ist das Dessert; der Rest ist... nun ja, der Braten.

Ich beschleunigte den Schritt und überholte die flanierende Frau. Unter einer Gaslaterne wandte ich mich jäh um. Sie war reizend; jung war sie und braun, mit glänzenden schwarzen Augen. Ich brachte meine Einladung vor, die sie ohne weiteres annahm. Eine Viertelstunde später saßen wir bereits beim Essen.

Beim Eintreten sagte sie: «Ach, wie wohl fühlt man sich hier!» Dabei blickte sie sich um, sichtlich zufrieden, in dieser eisigen Nacht einen Tisch und ein Lager gefunden zu haben. Sie war prachtvoll und erstaunlich hübsch, dazu so dick, daß sie mein Herz für immer hätte betören können.

Sie legte Hut und Mantel ab. Dann setzte sie sich zu Tische und begann zu essen; aber sie schien sich nicht recht wohl zu fühlen. Ab und zu flog ein Schauer über ihr etwas bleiches Gesicht, als nagte ein geheimer Gram an ihr.

«Hast du Kummer?» fragte ich.

«Ach was, vergessen wir alles!» erwiderte sie.

Nun begann sie zu trinken. Sie leerte ihr Glas Champagner in einem Zug, füllte es nochmals und leerte es wieder... unaufhörlich.

Bald röteten sich ihre Wangen ein wenig, und sie fing an zu lachen. Ich war schon ganz von ihr bezaubert und küßte sie leidenschaftlich. Ich fand sie weder dumm noch gewöhnlich, auch nicht derb wie viele dieser Straßenmädchen. Darauf bat ich sie, mir einiges aus ihrem Leben zu erzählen. Doch sie antwortete: «Das geht dich nichts an, *mon Petit!*»*

Aber ach, eine Stunde später...

Endlich wurde es Zeit, zu Bett zu gehen, und während ich den Tisch vom Kaminfeuer wegrückte, entkleidete sie sich hastig und schlüpfte unter die Decken.

Meine Nachbarn vollführten einen Höllenlärm. Sie lachten und sangen wie Verrückte, und ich sagte mir: «Ich habe doch gut daran getan, mir dieses schöne Mädchen hereinzuholen; ich hätte unmöglich arbeiten können.»

Ein tiefes Stöhnen ließ mich jäh den Kopf wenden. Ich trat zu ihr hin und fragte: «Was fehlt dir, mein Kätzchen?»

* Mon Petit = mein Kleiner

Sie antwortete nicht, sondern fuhr fort zu stöhnen, als litte sie die ärgsten Schmerzen.

«Fühlst du dich wirklich so schlecht?» drängte ich.

Da stieß sie plötzlich einen Schrei aus, einen herzzerreißenden Schrei. Mit einer Kerze in der Hand, beugte ich mich über sie.

Ihr Antlitz war ganz entstellt vor Schmerz; keuchend rang sie die Hände, und ihrer Brust entstieg jenes dumpfe Ächzen, das einem Röcheln gleichkam und den Herzschlag stocken läßt.

Verstört fragte ich: «Aber was fehlt dir denn, sag doch, was hast du?»

Sie antwortete nicht, begann jedoch laut zu schreien.

Plötzlich wurde es bei den Nachbarn drüben still. Sie horchten, was bei mir vorging.

Ich wiederholte immer wieder: «Wo tut es dir weh? Wo?»

Sie stammelte: «Oh mein Bauch! Mein Bauch!»

Da riß ich die Bettdecke auf und sah...

«Meine Freunde, sie lag in den Wehen.»

Ich verlor den Kopf, lief zur Wand und bearbeitete sie mit den Fäusten.

«Zu Hilfe!» brüllte ich, «zu Hilfe!»

Die Türe ging auf, fremde Leute stürzten herein: Männer im Abendanzug, Frauen in ausgeschnittenen Kleidern, Pierrots, Türken, Musketiere.

Diese Invasion verwirrte mich derart, daß ich keine Worte fand, mich zu erklären.

Alle diese Menschen hatten sich irgendein Unglück, vielleicht gar ein Verbrechen vorgestellt; sie begriffen nichts.

Endlich brachte ich hervor: «Es ist... ist... diese Frau, die in den Wehen liegt...»

Nun wurde sie betrachtet und jeder sagte seine Meinung. Ein Kapuziner behauptete sogar, sich auf solche Sachen zu verstehen; er wollte der Natur nachhelfen. Sie waren alle total betrunken, und ich fürchtete, sie könnten sie töten. Barhaupt stürzte ich die Treppe hinunter, um einen alten Arzt zu holen, der in einer der Nebenstraßen wohnte.

Als ich mit dem Doktor zurückkehrte, war das ganze Haus auf den Beinen. Im Treppenhaus hatte man das Gaslicht angezündet. Alle Bewohner der verschiedenen Stockwerke waren in meiner Wohnung versammelt. An meinem Tisch saßen vier Masken, Holzauslader, die sich an meinem Champagner und den Krebsen gütlich taten.

Bei meinem Eintritt erscholl ein lauter Schrei, und eine Milchfrau überreichte mir in einer Serviette ein runzliges, faltiges Fleischklümpchen, das wie ein Kätzchen greinte und miaute.

«Ein Mädchen!» sagte sie.

Der Arzt untersuchte die Wöchnerin, erklärte sie

als gefährdet, da sich das Unglück gleich nach dem Nachtessen ereignet habe. Er brach auf und versprach, er werde mir sofort eine Pflegerin und eine Amme schicken. Nach einer Stunde erschienen die beiden Frauen mit einem Paket von Medikamenten.

Ich verbrachte die Nacht in einem Lehnstuhl, zu verstört, um über die Folgen nachzudenken.

Am Morgen schon kehrte der Arzt zurück. Er fand die Kranke sehr schlecht und sagte: «Ihre Frau, Monsieur...»

Ich unterbrach ihn: «Es ist nicht meine Frau...»

«Ihre Geliebte also, was liegt daran...» Er gab mir seine Verordnungen für Pflege, Diät und Arzneien.

Was tun? Die Unglückliche ins Spital überführen lassen? Man hätte mich im Hause, im ganzen Viertel für einen Unhold gehalten.

Sie blieb bei mir. Sechs Wochen lag sie in meinem Bett.

Das Kind? Ich brachte es nach Poissy zu Bauersleuten. Heute noch kostet es mich monatlich fünfzig Franken. Da ich von Anfang an bezahlte, bleibt mir wohl nichts anderes übrig, als lebenslänglich weiter zu bezahlen.

Und später wird mich das Kind für seinen Vater halten.

Aber das Schlimmste an dieser Geschichte ist, daß

mich die Frau, als sie genesen war, liebte... leidenschaftlich liebte sie mich, die kleine Dirne...

«Und nun?»

«Nun ja, sie ist mager geworden wie eine Dachkatze, und ich habe dieses Gestell hinausgeschmissen. Jetzt lauert sie in den Straßen auf mich, versteckt sich, um mich vorbeigehen zu sehen; abends stellt sie sich mir in den Weg, um mir die Hand zu küssen. Kurz, sie langweilt mich, es ist zum verrückt werden.

Das ist der Grund, warum ich nie mehr *Réveillon* feiern werde.»

26. Dezember 1882

Lucas Le Moigne

EIN WEIHNACHTSLIED, ICH BITTE EUCH...

Ein Weihnachtslied, ich bitte euch,
laßt uns im Einklang singen,
denn Gottes Sohn ward uns geschenkt
aus einer Jungfrau unversehrt.
Er kam uns zu entsühnen
von unsrer ersten Eltern Schuld,
als eine falsche Schlange sie
verführte: Eßt von dieser Frucht!
Sie ist so wunderbar, so gut!
Ach, Freund, wie ist sie gut!

Als Gott im Paradiese nun
uns sah in dieser Drangsals Not,
da sandte einer Jungfrau, hehr,
durch einen Engel Botschaft er,
daß er bei ihr möcht liegen,
und dies, das war sein gutes Recht.
Der Engel sprach zu ihr
(Gut, gut!)
von ihm, der allem gab Gestalt.
Ach Gott, Marie, wie ist er gut!

Und als die Jungfrau ihn vernahm,
ein Zittern ihren Leib befiel.

Sie rief: «Mein Gott! Was mag es sein,
wovon er mir zu künden hat?
Und Gabriel, der Engel, sprach:
Du wirst empfangen Gott in dir
durch seines heil'gen Geistes Kraft
zur Freude unsrer ganzen Welt
Wie gut! Wie gut!
So will es die Dreifaltigkeit!
Ach Gott, Marie, wie ist es gut!

Kaum hat die Jungfrau angehört
des Engels Botschaft, sprach auch sie
ein Wort zu ihm: «So wie Ihr mir
verkündet habt, bin ich bereit,
ihm zu gehorchen, denn ich bin
Ecce ancilli Domini.»
Und so beschattete er sie.
Wie gut, wie gut!
Das ist des Himmels Gnadenwerk,
Ach Gott, Marie, wie ist es gut.

Neun Monate voller Sorge
trug sie dieses Kind in sich
und gebar es unter einem
Schirmdach, in dem hochberühmten
Bethlehem, wo Hirten es
zwischen Ochs und Esel fanden

und es wärmten, da Marie
nichts besaß, um es zu betten.
Ach, wie gut bist du, mein Gott.

Drei Könige aus fremdem Land,
sie kamen her zur Anbetung
von einem Stern geleitet.
So zogen ohne Umweg sie
geradenwegs zu jenem Stall,
wo der Messias kam zur Welt.
Sie fielen auf ihr Angesicht
und brachten Kostbarkeiten ihm,
Wie schön, wie schön...
Fröhlich spielt das Kind damit,
so als spräch es; es ist gut.

Beten wir zu diesem kleinen
Kind von Herzen, allesamt,
voller Eifer, voll Begier.
Bitten fromm wir, daß es ihm
mög gefallen, uns die Sünden
zu verzeihn; erflehen wir
noch von ihm als letzte Gunst,
Einlaß in das Paradies.

(15. Jh.)

(Unbekannter Autor)

ALS DIE BOTSCHAFT WIR VERNAHMEN...

Als die Botschaft wir vernahmen,
sprangen wir voll Freude auf.
Unsre Dudelsäcke schwollen,
und wir drehten uns im Tanze
zu den Klängen der Schalmeien,
Schellen und zum Paukenschlag.
Tausend kleine Lieder sangen
wir zum Klang des Tamburin.

«Meister Anton», rief man, «Meister»,
daß so rasch als möglich er
mit der Leier, mit der Pfeife
und mit seinen Schellen komme,
um zu tanzen ein Ballett,
oder eine Bergamaske
nach dem Sang des Triolett.

Hättet ihr den Tanz gesehen!
Sätze, Sprünge, hoch und toll,
die dem Takte fein sich fügten,
tausenderlei kühne Possen...
Mählich stiegen wir hinunter,
gingen dann dem Bach entlang

zu dem Hofe meines Eidams,
um dort Gottes Sohn zu sehn.

Fanden ihn in einem Stalle,
in der Krippe, völlig nackt,
ach, so arm, so miserabel;
ganz entblößt war er von allem
und erduldete die Kälte
so wie eines Bettlers Kind.
«Irgendein Elender!» hättet
heimlich ihr euch wohl gesagt.

Seine Mutter nimmt und wiegt ihn,
hüllt ihn sachte in ein Tuch,
wickelt ihn mit einer Binde
und legt ihn an ihre Brust...
Doch er saugte keinen Tropfen,
nicht einmal den ersten Strahl,
daß das Zäpfchen ihm im Halse
abfiel und verloren ging.

(Avignon um 1653)

Alphonse Daudet

IN DER HEILIGEN NACHT

Welch geheimnisvoller Glanz lag in jener Nacht über den Dächern von Paris. Und welche Ruhe und Stille breitete sich über der schweigenden Stadt, deren schneebedeckte Dachfirste sich mit beinahe überirdischer Klarheit vom Dunkel der Nacht abhoben. Nur unten auf den Straßen ertrank das Weiß der Schneeflocken im Schmutz der Gosse. Und das matte Licht der Straßenlaternen verschwand immer mehr in den aufsteigenden Nebelschwaden, welche von der Seine hereinbrachen, auf der träge und schwer die Eisschollen schwammen.

Aber oben, unerreichbar für diese Düsternis der Niederungen, lag strahlend, soweit das Auge reichte, der Schnee. Und er verlieh all den Palästen, Türmen, Terrassen, Kuppeln, sogar der winzigen Spitze der

Sainte-Chapelle, und allen den andern zahllosen dichtgedrängten Dachfirsten, welche sich vertraulich aneinander schmiegten, einen festlichen Glanz. Und ein bläuliches Leuchten schimmerte darüber hin. Es war wie eine Märchenstadt, welche sich hier im sanften Licht des Mondes ausbreitete, ein Paris der Lüfte, das frei zu schweben schien zwischen dem Dunkel der Erde und dem wundersamen Licht des Mondes.

Obwohl die Nacht erst vor kurzem hereingebrochen war, hatte man in den Häusern die Feuer schon gelöscht, und kein einziges Rauchfähnchen wehte über den Dächern. Denn es war die Heilige Nacht, und die Menschen hatten die leeren Schuhe dicht neben den Ofen gestellt, damit das Christkind sie gleich fände, wenn es am Himmel erscheinen und durch die gelöschten Kamine seine Geschenke schicken würde. Die Kamine waren der Erwartung voll und winkten einander fröhlich zu. Sie alle waren altvertraute Freunde. In ihnen knisterte und prasselte die wärmende Flamme jeden Tag. Sie alle hatte der Rauch geschwärzt. Aus ihnen strömte in die winterliche Luft ein warmer Hauch, gleich dem Atem eines schlafenden Hauses. Manch ein Kamin, der nun im Schnee fror, trug noch vom letzten Frühling her ein leeres Vogelnest, aus dem das warme Leben längst entflohen war. Und diese luftige Stadt der Dächer und Kamine, eingehüllt in lichten Decken, wurde nach allen Richtungen von den dunkeln Straßen von Paris durchquert. Sie sahen in den weiten Flächen des Schnees wie ungeheure Gletscherspalten aus. All die wunderlich geformten Kamine, schwarz und gespenstisch wie Winterbäume, warfen auf das leuchtende Weiß des Schnees geisterhafte Schatten. Auf den Dachfirsten, den nie begangenen Höhenstraßen dieser Stadt, die kaum ein menschlicher Fuß betreten hatte, hüpften die Pariser Spatzen und ritzten zierliche Spuren in den kristallenen Schnee. Am Rande einer Dachrinne flatterte eine Schar dieser frechen Bummler und Gassenschlingel. Und nur ihr Lärm und Gezeter trübte die feierliche Stille der Dächerstadt, die weit und breit von einem riesigen Hermelinteppich bedeckt war, wie zum Empfang eines Königskindes.

Die Spatzen von Paris klagten: Ist das eine Kälte! An Schlafen nicht zu denken! Was nützt es, sich zusammenzukugeln und die Federn zu sträuben. Die schneidende Kälte weckt uns doch wieder.

Ein Spatz rief von weitem: Hallo, ihr dort drüben! Kommt schnell her zu mir! Ich habe einen alten Kamin gefunden. Der hat ein breites Dach und ist noch immer warm. Wenn wir nahe zusammenrücken und uns aneinanderschmiegen, frieren wir nicht mehr.

Die ganze Schar flog zu ihm. Wahrlich, du hast recht. Hier ist gut sein. Da haben wir warm. Freuen wir uns! Piep, piep, schilp, schilp, schilp.

Der Kamin: Wollt ihr wohl still sein, ihr Schlingel! Natürlich, nur ihr könnt so frech sein und in der Heiligen Nacht einen solchen Spektakel machen, indessen alles in Andacht auf das Fest wartet und stille ist. Seht, selbst der Wind hält seinen Atem an. Nicht ein Wetterfähnchen regt sich.

Die Spatzen, leiser: Warum sprichst du so geheimnisvoll, Alter?

Der Kamin: Was, ihr wißt nicht einmal, daß diese Nacht die Dächer das Weihnachtsfest feiern? Ihr habt keine Ahnung davon, daß heute das Christkind viele gute Gaben an die Kinder verteilen wird?

Die Spatzen: Das liebe Christkind?

Der Kamin: O ja!... Wenn ihr einmal in die Häuser hineinschaut, dann seht ihr all die kleinen Schuhe in Reih und Glied geordnet vor dem Ofen stehen. Da gibt es solche von allen Größen und Formen, von den niedlichen Schühchen der ganz Kleinen bis zu den Stiefeln der größeren Kinder, deren munteres Tripp und Trapp wohl am Tag durch das ganze Haus erschallt; dann die mit Pelz verbrämten Schnürstiefel und die groben Holzschuhe der Armen, und endlich die zerflickten und viel zu großen Schuhe, die arme, nackte Kinderfüßchen notdürftig bekleiden.

Sie sehen aus wie die abgelegten Schuhe der Erwachsenen, als ob die Armen kein Recht hätten, Kind zu sein.

Die Spatzen: Wann kommt denn das Christkind?

Der Kamin: Bald, bald... Um Mitternacht... Pst! Horcht!...

Ein Glockenturm verkündet mit tiefer Stimme die Stunde: Bim... bam... boam...

Der Kamin: Seht ihr, wie am Horizont der Himmel heller und heller wird? Nun strahlt das ganze Firmament in wundersamem Glanze.

Die Spatzen, die in heller Begeisterung den Lichtschein bewundern, rufen: Ach, wie herrlich!

Vom Glockenturm dröhnen die Schläge: Bim... bam... boam... Mitternacht...

Kaum war der letzte Schlag verklungen, erschallte von allen Seiten auf einmal feierliches Glockengeläute.

Die Glocken: Boam... boam... Das Heil der Welt ist nah... Das Christkind, das Christkind ist da!... Der Wind: Uh... uh... Singt aus vollem Munde, ihr, meine lieben Glocken! Noch lauter, noch mächtiger! Das Christkind kommt, ich trage es auf meinen Schwingen... Riecht ihr den feinen Weihrauch nicht, der aus meinen Flügeln duftet?

Das Glockenspiel: Ding, ding, dong... Ding, ding, dong... Eia Weihnacht! Eia Weihnacht!

Der Wind: Was ist mit euch, ihr Kamine, was steht ihr da mit offenem Munde?... Singt mit mir ein Lied dem Christkind zum Preis, daß es über alle Dächer und Wetterfahnen hinklingt!

Die Kamine: Ui... ui... Willkommen liebes Christkind! Liebes Christkind!

Die Wetterfahnen: Krak, krak... Eia Weihnacht! Eia Weihnacht!

Ein Ziegel, ganz begeistert: Willkommen, liebes Christkindlein! Willk... (In seiner übergroßen Freude macht er einen Sprung und fällt klirrend auf die Straße.)

Die Spatzen: Was für ein voreiliger Spring-ins-Feld!

Der Kamin: Meine lieben Spatzen, warum seid ihr plötzlich so still?... Jetzt müßt ihr singen, was ihr aus den Schnäbeln bringt!...

Die Spatzen: Piep, piep, piep... Schilp, schilp, schilp... Liebes Christkind, liebes Christkind!...

Der Kamin: Fliegt doch auf meine Schultern, damit ihr besser sehen könnt!

Die Spatzen auf dem Kamin: Danke, guter Alter. O, wie schön! O, wie schön! Guckt, wie hübsch all diese rosenroten, grünen und blauen Lichtlein sind, die über den Dächern flimmern und tanzen!...

Der Kamin: Und schaut, eine ganze Prozession von Körben wandelt über die Dächer, gefüllt mit

Spielsachen, farbigen Bändern, bunten Blumen und Zuckerbrötchen.

Die Spatzen: Und was sind denn das für kleine Männchen, welche die Körbe tragen?

Der Kamin: Das sind Kobolde.

Die Spatzen: Was du nicht sagst? Die...

Der Kamin: Ja, die Kobolde, das sind der Familien gute Hausgeister, die das Christkind zu allen Kaminen führen, wo die kleinen Schuhe auf die Weihnachtsgaben warten.

Die Spatzen: Und das Christkind selbst?

Der Kamin: Schaut, dort am Ende der Prozession, jener kleine, blonde Knabe! Wie seine milden, gütigen Augen leuchten! Von seinen Haaren gehen goldene Strahlen aus, als wären es die Roggenhalme aus seiner Krippe in Bethlehem. Im frischen Wind blühen seine Wangen rot wie Rosen. Schaut, wie anmutig und leicht er daherschreitet; seine Füße streifen den Schnee, und doch ist nicht die geringste Spur zu sehen.

Die Spatzen: O, wie schön er ist! O, wunderschön!

Der Kamin: Pst! Horcht!...

Nun erklang durch die kristallklare, mondhelle Nacht eine frohe Stimme, so glockenrein wie das Lachen eines kleinen Knaben. Das Christkind hielt auf dem flachen Dache, stand still, und, von all seinen dienstfertigen Korbträgerlein umgeben, begann es zu sprechen:

Guten Abend, meine alten Dächer. Grüß Gott, meine lieben Kirchtürme. Die Nacht ist so klar, daß ich euch alle, rings um mich, sehen kann, in diesem großen Paris, das ich liebe... Selbst als Krieg war, bin ich gekommen, erinnert ihr euch noch?... O, es war eine schreckliche und traurige Zeit! Nirgends in den Häusern ein wärmendes Feuer, ein tröstendes Licht! Alle Kamine waren kalt. Die Granaten sausten über meinen Kopf hin, rissen Löcher in die Dächer und stürzten die Kamine auf die Straßen. Und ach, so viele kleine Kinder waren aus den Häusern verschwunden! Viel zu viele Spielsachen hatte ich in jenem Jahre bei mir. Ganze Körbe voll mußte ich wieder mitheimnehmen. Ich bin glücklich, daß mir diese Nacht keine übrig bleiben werden; denn die Hausgeisterchen haben mir gesagt, daß es viele kleine Schuhe zu füllen gäbe. Darum habe ich ganz herrliche Spielsachen mitgebracht.

Ein Spatz: Bravo, du bist ein liebes Christkind!

Alle Spatzen: Piep, piep... Schilp, schilp, schilp... Willkommen liebes Christkindlein!

Der Wind, den Schnee aufwirbelnd: Lobsing auch du dem Christkind, auch du, Bruder Schnee!

Der Schnee, sehr leise: O, wenn ich nur könnte,

aber ich schenke ihm mit verschwenderischen Händen meine schönsten Flocken. Komm du, mein Bruder Wind, und hülle die lange Prozession der Körbe in einen lichten Wirbel! Und siehe, er streut die feinen, weißen Flocken in die blonden Haare des himmlischen Kindes... Wir beide, Wind und Schnee, kennen das Christkind seit langer Zeit. Wir haben es schon damals im kleinen Stall zu Bethlehem gesehen, als es zur Welt kam...

Der Wind, die Glocken, die Kamine singen gemeinsam mit großer Begeisterung:

Du lieber, heilger, frommer Christ,
Weil heute dein Geburtstag ist,
Drum ist auf Erden weit und breit,
Bei allen Kindern frohe Zeit.

Das Christkind: Nicht so laut, meine lieben Freunde, nicht so laut. Wir dürfen die kleinen Kinder da unten nicht wecken... Nun, ihr Kobolde, kommt; nicht länger sollt ihr euch gedulden. Schreitet mit mir auf den First des Daches, wir wollen mit der Bescherung beginnen. Doch halt, da kommt mir ein neuer Gedanke: Dieses Jahr machen wir es anders! Die schönsten Spielsachen, die wir bei uns haben, die buntgekleideten Hampelmänner, die mit gebrannten Mandeln gefüllten Seidensäcklein, all die vornehmen Puppen mit ihren Spitzenhäubchen sollen in der ärmsten Kinder Schuhe fallen, die an Herden stehen, wo kein Feuer brennt, in die kalten Dachkämmerlein. Durch die Kamine der reichen Häuser dagegen wollen wir auf die samtenen Teppiche und in die pelzverbrämten Schuhe all dieses einfache Spielzeug fallen lassen, das nach Harz und Tannenholz riecht.

Die Spatzen: Bravo, bravo!... Ein herrlicher Gedanke!

Die Kobolde: Nimm es uns bitte nicht übel, liebes Christkind, wenn wir uns zu sagen erlauben, daß wir mit deiner neuen Methode nicht ganz einverstanden sind. Denn so können nur die Armen glücklich werden, aber die Kinder der Reichen werden weinen. Ach, Enttäuschung und bittere Tränen machen die reichsten Kinder arm. Es gibt nichts Traurigeres als ein unglückliches, verweintes Kindergesichtchen.

Das Christkind: Laßt mich nur. Die Kinder der Armen werden entzückt sein, diese kostbaren Spielsachen zu besitzen. Schon Wochen vor Weihnachten hatten sie mit verlangenden Augen vor den großen, hell erleuchteten Schaufenstern gestanden und all die Kostbarkeiten bestaunt, die sie sich sehnlichst wünschten. Nun sollen endlich ihre Wünsche erfüllt werden. – Und auch die Kinder der reichen Leute werden zufrieden sein, einmal einfaches Spielzeug zu erhalten: einen hölzernen Hampelmann an der Schnur, einen kleinen Wagen zum Ziehen, all diese kleinen Sachen, die man für wenig Geld kaufen kann... Also, abgemacht! Nun, hurtig an die Arbeit! Es gibt so viele Kamine in Paris, und Weihnacht ist so schnell vorbei!

O Wunder! Auf einmal leuchteten überall ringsherum kleine Lichter auf, als ob man auf den Schnee der Dächer alle Äste eines riesengroßen, mit Kerzen hell erleuchteten Christbaumes gestreut hätte. Weit und breit funkelte ein Lichtermeer, denn das Christkind hatte kein einziges Dach und keinen Kamin vergessen, vom reichsten Palast angefangen, mit seinen prunkvollen Balkonen, umgeben von prächtigen, mit Rauhreif versilberten Bäumen, bis zu den elendesten Hütten, die so baufällig sind, daß sie sich gegenseitig stützen müssen, um nicht zusammenzubrechen. Nun ließ sich auf allen Häusern von Paris ein liebliches Klingeln von tausend Glocken hören; das war das Zeichen, daß nun die Bescherung beginnen würde. Und all die verschiedenartigen Spielsachen verschwanden durch den dunkeln Schlund der Kamine und purzelten zu den Schühlein hinunter mit fröhlichem Lärm! Die Puppen riefen mit lallender Stimme: Mama, Mama! Die seidenen Mandelsäcklein ließen ein feines Knistern hören. Schön bemalte kleine Eisenbahnwagen surrten durch die Kamine wie durch riesige Tunnels. Die Schläger der Trommeln tanzten und hüpften auf dem Fell und ließen lustige Wirbel ertönen. Die Postillonspeitschen knallten übermütig, und die Jägerhörnchen jauchzten ihr munteres Trari, Trara!

Und die vielen schönen Geschichten- und Märchenbücher dürfen wir nicht vergessen. – Freund Wind, der närrische Fant, trieb sein loses Spiel mit ihnen. Mit flinken Fingern wendete er Blatt um Blatt, steckte auch hin und wieder seine wunderfitzige Nase in die Seiten und beguckte die farbenfrohen Bilder darauf. Zuweilen las er auch eines der hübschen Sprüchlein, und er flüsterte die Verse vor sich hin:

Tischlein, ich wecke dich:
Eins, zwei und drei –
Tischlein, decke dich!
Löffel herbei!
Rumpe di humpe di fi fallera,
Teller und Schüsseln sind plötzlich da;
Feine Gläser haben geklungen,
Messer und Gabeln kommen gesprungen,
Dampfet die Suppe, duften die Speisen;
Heute ist uns was Gutes verheißen!
Heute leiden wir keine Not.
Segne uns Gott unser festliches Brot!

Bei den Wohnungen, wo es keine Kinder hatte, ging das Christkind mit seinen kundigen Hausgeisterchen schnell vorüber. Aber manchmal, wenn es sich mit gebefreudigen Händen einem Kamin näherte, flüsterte dieser mit schwarzem Mund: Bitte nicht, denn es ist tot. Es gibt keine kleinen Schuhe mehr im Haus. Behalte deine Spielsachen, liebes Christkind. Ach, wenn die Mutter sie fände, wie würde sie weinen...

Noch lange geisterten die Weihnachtslichter über die Dächer hin. Doch auf einmal tönte aus der Tiefe der Stadt, wie durch eine Nebelwand, das heisere Krähen eines Hahnes. Über dem fernen Horizont zeichnete sich als schmaler Streifen ein matter Lichtschein des neuen Tages ab; und alsbald war das zauberhafte Glitzern und Leuchten der Heiligen Nacht erloschen. Das Fest auf den Dächern war zu Ende. Aber nun begann ein um so fröhlicheres Feiern in den Häusern. Glückseliges Kinderjauchzen und -jubeln stieg mit dem Rauch des wieder entfachten Feuers durch die Kamine gen Himmel. Es begann ein Freuen und Singen ohne Ende: O du fröhliche, o du selige, gnadenbringende Weihnachtszeit!

Über die verlassenen und stillen Dächer sandte eine schöne, milde Wintersonne ihre hellsten Strahlen, und im Glitzern des Schnees funkelten noch Spuren des goldenen Flitters, welcher dem Christkind aus den Spielzeugkörben gefallen war.

Henri de Régnier

DIE MYRRHE

«Ich bin die bittre Myrrhe und bewahre
Das Leben, das am Tor des Todes schauert.
Durch mich entrinnt das Fleisch dem Nichts, das lauert,
Und meine Kraft entreißt's dem Fraß der Jahre;

Ich hüt' es unzerstörbar; selbst die Bahre
Durchduft' ich noch, wo warm und lieblich kauert
Der Leib, und goldne Urnen überdauert
Mein Schutz, so stark wie Salz und Räucherware.

Doch was bisher mein Ruhm war, bleibts nicht mehr,
Seitdem mich Balthasar gebracht hierher
Dem Kind, das kam, die Erde zu erlösen,

Dem Menschensohn, der der befreiten Welt
Erscheint als Überwinder alles Bösen
Erhobnen Arms, den Fuß aufs Grab gestellt.»

Guy de Maupassant

DREIKÖNIGSTAG

Ah!» sagte der Hauptmann, Graf von Garens, «das will ich glauben, daß ich mich noch an jenes Dreikönigsmahl während des Krieges erinnere!»

Ich war zu jener Zeit Quartiermeister bei den Husaren und trieb mich seit vierzehn Tagen rekognoszierend vor einer deutschen Vorhut herum. Am Abend zuvor hatten wir einige Ulanen niedergesäbelt und drei Mann verloren, darunter den armen, kleinen Raudeville. Sie erinnern sich doch, Joseph de Raudeville.

Nun, an diesem Tage befahl mir mein Hauptmann, zehn Reiter zu nehmen und das Dorf Porterin, in dem wir uns in drei Wochen fünfmal geschlagen hatten, zu besetzen und es die ganze Nacht zu bewachen. Nicht zwanzig Häuser blieben stehen in diesem Wespennest, nicht zwölf Bewohner blieben am Leben.

So nahm ich denn die zehn Reiter und brach gegen vier Uhr morgens auf; in tiefer Nacht erreichten wir die ersten Mauern von Porterin. Ich ließ anhalten und befahl Marchas, ihr wißt doch, Pierre de Marchas, der seither die junge Martel-Auvelin, die Tochter des Marquis de Martel-Auvelin, geheiratet hat, ins Dorf zu gehen und mir Auskunft zu bringen.

Ich hatte mir nur Freiwillige, alle aus guter Familie, ausgesucht. Es macht Spaß, im Dienst keine Schafsköpfe duzen zu müssen. Dieser Marchas war gewandt wie kaum einer, schlau wie ein Fuchs und geschmeidig wie eine Schlange. Er verstand es, die Preußen aufzuspüren, wie ein Hund einen Hasen, Lebensmittel zu finden, wo wir ohne ihn vor Hunger umgekommen wären. Er erhielt Auskünfte von allen Seiten und zwar immer sichere Auskünfte, die er sich mit unvorstellbarer Geschicklichkeit verschaffte.

Nach zehn Minuten kehrte er zurück.

«Es geht gut», sagte er, «seit drei Tagen ist kein Preuße hier vorbeigekommen. Es ist unheimlich, dieses Dorf. Ich habe mit einer barmherzigen Schwester gesprochen, die in einem verlassenen Kloster vier oder fünf Kranke betreut.»

Ich befahl vorzurücken, und wir drangen in die Hauptstraße ein. Rechts und links konnte man Hausmauern ohne Dächer, kaum sichtbar in der finstern Nacht, wahrnehmen. Da und dort schimmerte ein Licht hinter einer Scheibe. Eine Familie war geblieben, um ihr fast unbeschädigtes Haus zu bewachen, eine Familie braver oder armer Leute. Dann fing es an zu regnen; es war ein feiner, eisiger Regen, in dem wir froren, ehe wir durchnäßt waren, einzig durch sein Niederrinnen an den Mänteln. Die Pferde stolperten über Steine, Balken, Möbel. Marchas führte uns. Er ging zu Fuß vor uns her und zog sein Pferd am Zügel nach.

«Wohin führst du uns?» fragte ich.

Er antwortete:

«Ich weiß ein Nachtquartier, ein feines.»

Bald blieb er vor einem kleinen, bürgerlichen Hause stehen. Es war unbeschädigt; wohlverschlossen stand es an der Straße mit einem Garten auf der Rückseite.

Mit einem großen Stein, den er vor dem Gitter aufgelesen, sprengte Marchas das Schloß, stieg die Vortreppe hinauf, stieß mit Fußtritten und Schulterstößen die Eingangstüre ein, zündete ein Kerzenstümpfchen an, das er immer bei sich trug und ging uns voran in eine gute, komfortable Wohnung reicher Privatleute. Er führte uns sicher, mit einer so wunderbaren Sicherheit, als habe er in diesem Hause, das er doch zum ersten Male sah, schon gelebt.

Zwei Mann blieben draußen, um unsere Pferde zu bewachen.

Marchas sagte zum dicken Ponderel, der ihm folgte:

«Die Ställe müssen zur Linken sein; ich habe das beim Eintreten bemerkt. Geh', und stelle die Pferde ein. Wir benötigen sie nicht mehr.»

Dann wandte er sich mir zu und sagte:

«Gib deine Befehle, *sacrebleu!*»

Ich staunte immer wieder über diesen Burschen. Lachend antwortete ich:

«Ich werde meine Schildwachen am Eingange des Dorfes aufstellen und dich hier wieder treffen.»

Er fragte:

«Wie viele Mann nimmst du mit?»

«Fünf. Die andern werden sie um zehn Uhr abends ablösen.»

«Gut, laß mir vier Mann, um Vorräte einzuholen, die Küche zu besorgen und den Tisch zu decken. Wo der Wein versteckt ist, werde ich schon aufspüren.»

Ich ging die verlassenen Straßen bis an den Rand der Ebene rekognoszieren, um meine Schildwachen aufzustellen.

Nach einer halben Stunde war ich wieder zurück. Ich fand Marchas in einem großen Voltaire-Fauteuil liegen, von dem er aus Luxusbedürfnis den Überzug weggenommen hatte. Er wärmte sich die Füße am Feuer und rauchte eine ausgezeichnete Zigarre, deren Duft den Raum erfüllte. Er war allein; die Ellbogen auf den Armlehnen aufgestützt, den Kopf zwischen den Schultern, mit rosigen Wangen, glänzenden Augen und seligem Gesicht lag er da.

Aus dem anstoßenden Raum vernahm ich das Klirren von Geschirr. Marchas sagte mit glückseligem Lächeln:

«Es klappt alles. Ich habe den Bordeaux im Hühnerhof gefunden, den Champagner unter den Stufen der Vortreppe, den Branntwein – fünfzig Flaschen vom allerfeinsten – im Krautgarten unter einem Birnbaum, der mir beim Schein der Laterne recht krumm erschien. Als feste Speisen haben wir zwei Hühner, eine Gans, eine Ente, drei Tauben und eine Schwarzdrossel, die wir in einem Käfig entdeckt haben; also nur Federvieh, wie du siehst. Das alles wird bereits gebraten. Ein herrliches Land!»

Ich saß ihm gegenüber; die Flammen im Kamin rösteten mir Wangen und Nase.

«Woher hast du denn das Holz?» fragte ich.

«Prächtiges Holz, vom Herrschaftswagen; die Malerei, ein wenig Punschessenz und Firnis bringen dieses lodernde Feuer zustande. Feines Haus!»

Ich lachte, so drollig fand ich den Jungen. Er fuhr fort:

«Und zu denken, daß wir heute Dreikönigstag haben! Ich habe eine Bohne in die Gans gesteckt. Aber eine Königin haben wir nicht... Langweilige Geschichte!»

«Langweilige Geschichte!» wiederholte ich wie ein Echo. «Aber, was läßt sich da machen?»

«*Parbleu,* einige auftreiben!»

«Was auftreiben?»

«Frauen.»

«Frauen? Bist du verrückt?»

«Ich habe sogar Branntwein unter einem Birnbaum gefunden und Champagner unter den Stufen der Vortreppe. Dabei hatte ich nicht die geringsten Anhaltspunkte. Für dich jedoch ist ein Weiberrock immerhin ein sicheres Merkmal. Such, mein Alter, such!»

Er machte eine so ernste, so siegesgewisse Miene, daß ich nicht mehr wußte, ob er scherzte.

Ich erwiderte:

«Hör mal, Marchas, du schwatzest Unsinn.»

«Im Dienst schwatze ich nie Unsinn.»

«Aber wo, zum Teufel, soll ich Frauen hernehmen?»

«Wo du willst. Es müssen noch einige im Dorfe sein. Stöbere sie auf und bring sie her.»

Ich erhob mich. Es war zu warm an diesem Feuer. Marchas begann von neuem:

«Soll ich dir eine Idee geben?»

«Ja.»

«Geh zum Pfarrer.»

«Zum Pfarrer? Wozu?»

«Lade ihn zum Abendessen ein und bitte ihn, eine Frau mitzubringen.»

«Den Pfarrer? Und eine Frau? Ha, ha, ha!»

Marchas wiederholte mit ungewohntem Ernst:

«Lach nicht! Geh zum Pfarrer und erkläre ihm unsere Situation. Er muß sich schrecklich langweilen, er wird kommen. Aber sag ihm, daß wir mindestens eine Frau haben müssen; eine anständige Frau selbstverständlich, da wir doch alle Weltmänner sind. Er muß seine Pfarrkinder an den Fingerspitzen kennen. Wenn er eine passende weiß und du es gut anstellst, wird er dich schon auf sie aufmerksam machen.»

«Was fällt dir ein, Marchas? Woran denkst du?»

«Mein lieber Garens, du wirst das schon zustandebringen, sehr gut sogar. Das wäre wirklich sehr lustig. Wir wissen zu leben, *parbleu!* Und wir werden uns vollendet benehmen, mit äußerster Galanterie. Nenne dem Pfarrer unsere Namen, bring ihn zum Lachen, rühre ihn, verführe ihn, bring ihn dazu, daß er's tut.»

«Nein, das ist unmöglich!»

Er rückte seinen Fauteuil näher, und da der

Mensch meine schwachen Seiten kannte, fuhr er fort:

«Stell dir vor, wie fein und amüsant müßte es sein, so etwas zu erleben und zu erzählen. Man würde in der ganzen Armee davon sprechen, und du könntest dir gewaltigen Ruhm erwerben.»

Ich zögerte, schon verlockt von diesem Abenteuer. Er drängte immer mehr:

«Nun, nun, mein Garens, du bist Departementschef, du allein darfst in diesem Dorfe das Oberhaupt der Kirche aufsuchen. Ich bitte dich, geh! Ich werde diese Geschichte in Verse bringen und nach dem Krieg in der *Revue des Deux Mondes* veröffentlichen; das versprech' ich dir. Du schuldest das deinen Mannen, du läßt sie seit einem Monat genug marschieren.»

Ich erhob mich und fragte:

«Wo ist das Pfarrhaus?»

«Du gehst durch die zweite Straße zur Linken, die in eine Avenue mündet; an deren Ende findest du die Kirche und daneben das Pfarrhaus.»

Ich ging hinaus, er schrie mir nach:

«Sag ihm das Menu, damit ihn danach gelüstet.»

Mühelos fand ich das kleine Haus des Geistlichen; es stand neben einer großen häßlichen Kirche aus Backsteinen. Ich schlug mit Fäusten an die Türe, die weder Klingel noch Türklopfer hatte. Aus dem Innern des Hauses ertönte eine laute Stimme:

«Wer ist da?»

Ich antwortete:

«Der Quartiermeister der Husaren.»

Nun vernahm ich, wie der Riegel zurückgeschoben und der Schlüssel gedreht wurde. Ich stand vor einem mächtigen, beleibten Priester, mit dem Brustkasten eines Ringers. Die zurückgekrempelten Ärmel ließen ungeheure Hände frei. Er hatte einen rötlichen Teint und das Aussehen eines braven Mannes.

Ich salutierte militärisch:

«Guten Tag, Herr Pfarrer.»

Er hatte eine Überraschung, vielleicht eine Falle von Herumstreichern gefürchtet. Nun sagte er lächelnd:

«Guten Tag, mein Freund, treten Sie ein.»

Ich folgte ihm in ein kleines Zimmer mit roten Fliesen, in dem ein armseliges Feuer – ganz verschieden von dem in Marchas Kamin – brannte.

Er deutete auf einen Stuhl und sagte:

«Womit kann ich Ihnen dienen?»

«Herr Pfarrer, erlauben Sie zuerst, daß ich mich Ihnen vorstelle.»

Ich reichte ihm meine Karte. Er nahm sie und las halblaut:

«Graf von Garens.»

Dann fuhr ich fort:

«Wir sind hier elf Mann, fünf Kavalleriefeldwachen und sechs Husaren, die bei einem unbekannten Bewohner einquartiert sind. Und diese sechs heißen: Garens – der hier vor Ihnen steht – Pierre de Marchas, Ludovic Ponderel, Baron d'Etreillis, Karl Massouligny, der Sohn des Malers, und Joseph Herbon, ein junger Musiker. Ich komme in ihrem und in meinem Namen, Sie zu bitten, mit uns zu Nacht zu speisen. Heute ist Dreikönigstag; es wird also ein königliches Nachtmahl sein, und wir möchten es ein wenig fröhlich gestalten.»

Der Priester lächelte und murmelte:

«Mich dünkt, es sei nicht gerade die Zeit, sich zu amüsieren.»

Ich antwortete:

«Wir schlagen uns alle Tage, Herr Pfarrer. Vierzehn unserer Kameraden sind vor einem Monat schon gefallen, und drei sind gestern liegen geblieben. Das ist der Krieg. Jeden Augenblick setzen wir unser Leben aufs Spiel. Haben wir daher nicht das Recht, es fröhlich zu verspielen? Unsere Väter lachten noch auf dem Blutgerüst. Heute abend möchten wir uns ein wenig entspannen wie anständige Menschen, nicht wie Kriegsknechte, wohlverstanden. Haben wir Unrecht?»

Er antwortete lebhaft:

«Sie haben Recht, mein Freund, und ich nehme Ihre Einladung mit großem Vergnügen an.»

Dann rief er: «Hermance!»

Eine alte Bäuerin erschien, gebückt, verrunzelt, schrecklich anzusehen.

«Was ist los?» fragte sie.

«Ich esse nicht hier, meine Tochter.»

«Wo essen Sie denn?»

«Mit den Herren Husaren.»

«Bringen Sie doch Ihre Haushälterin mit», hätte ich am liebsten gesagt, nur um Marchas Gesicht zu sehen. Aber ich wagte es nicht. So sagte ich:

«Gibt es unter Ihren Pfarrkindern, die im Dorfe geblieben sind, nicht einen oder eine, die ich ebenfalls einladen könnte?»

Er zögerte, überlegte und erklärte:

«Nein, niemand.»

Ich drängte:

«Niemand?... Denken Sie ein wenig nach, Herr Pfarrer. Es wäre doch sehr galant, Damen dabei zu haben. Ich meine Eheleute! Was weiß ich, vielleicht den Bäcker mit seiner Frau, den Krämer... den... den... Uhrmacher... den Schuster... vielleicht gar den Apotheker mit der Apothekerin... Wir haben ein feines Nachtmahl mit Wein und würden uns freuen, wenn uns die Leute hier in guter Erinnerung behalten würden.»

Der Pfarrer sann lange nach, dann sagte er entschlossen:

«Nein, niemand.»

Ich begann zu lachen:

«*Sapristi,* Herr Pfarrer, das ist schon eine leidige Geschichte, keine Königin zu haben, haben wir doch eine Bohne in die Gans gesteckt. Nun, besinnen Sie sich noch einmal. Gibt es denn keinen verheirateten Bürgermeister, keinen verheirateten Adjunkt, keinen verheirateten Stadtrat oder Lehrer?...»

«Nein, die Damen sind alle fort.»

«Wie, es gibt in dieser ganzen Gegend keine einzige brave Bürgerin mit ihrem Gatten, denen wir die Freude machen könnten – denn sicher wäre es unter den gegebenen Umständen eine Freude für sie, und zwar eine große...»

Plötzlich aber begann der Pfarrer zu lachen; es war ein schallendes Gelächter, das ihn ganz schüttelte, und er rief:

«Ha, ha, ha, jetzt weiß ich, was Sie brauchen, Jesus Maria; ha, ha, ha! Wir werden etwas zu lachen haben, meine Kinder! Ach, wie werden wir lachen, und Sie werden sehr zufrieden sein... Wo logieren Sie?»

Ich beschrieb ihm das Haus, und er begriff.

«Sehr gut, es ist das Besitztum von Monsieur Bertin-Lavaille. Ich werde also in einer halben Stunde mit vier Damen erscheinen!!!... Vier Damen, ha, ha, ha!»

Lachend begleitete er mich hinaus. Als er mich verließ, wiederholte er:

«Gut, in einer halben Stunde also, Haus Bertin-Lavaille.»

Ich kehrte rasch zurück, sehr erstaunt und irgendwie beunruhigt.

«Wie viele Gedecke?» rief Marchas, als er mich erblickte.

«Elf. Wir sind sechs Husaren, plus den Pfarrer und vier Damen.»

Er war verblüfft, ich triumphierte.

Er wiederholte: «Vier Damen, sagst du?»

«Vier Damen, sage ich.»

«Wirkliche Frauen?»

«Wirkliche Frauen.»

«Donnerwetter! Mein Kompliment.»

«Ich nehme es an; ich verdiene es.»

Er erhob sich aus seinem Fauteuil, öffnete die Türe, und ich erblickte ein weißes Tuch über einer langen Tafel, auf die drei Husaren in blauen Schürzen Teller und Gläser verteilten.

«Wir werden Frauen haben!» schrie Marchas, und die drei Männer begannen unter Händeklatschen um den Tisch herumzutanzen.

Alles war bereit. Wir warteten; beinahe eine Stunde warteten wir. Ein köstlicher Duft von gebratenem Geflügel erfüllte das ganze Haus.

Ein Klopfen am Fensterladen ließ uns alle zugleich auffahren. Der dicke Ponderel lief hinaus, um zu öffnen, und nach kaum einer Minute erschien eine kleine Frau, eine barmherzige Schwester, unter der Türe. Sie war mager, runzlig, schüchtern und begrüßte die vier bestürzten Husaren, die sie eintreten sahen, einen nach dem andern. Hinter ihr erscholl das Geklopfe von Krücken und Stöcken auf den Fliesen des Vestibüls. Sobald sie den Salon betreten hatte, bemerkte ich, eine der andern folgend, drei alte Frauen in weißen Häubchen. Schwankend, die eine nach rechts, die andre nach links, näherten sie sich. Schließlich standen drei alte Frauen vor uns, hinkend, ein verkrüppeltes Bein nachschleppend und vom Alter verunstaltet; drei aus dem Dienst entlassene gebrechliche Schwestern, die drei einzigen Pensionärinnen der Anstalt, die noch gehen konnten. Schwester Saint-Benoît, die Leiterin des Krankenhauses, wandte sich nun voller Wohlwollen ihren Invaliden zu. Als sie meine Quartiermeister-Galons entdeckte, sagte sie:

«Ich danke Ihnen sehr, Herr Offizier, daß Sie an diese armen Frauen gedacht haben. Ihr Leben ist arm an Freuden. Sie erweisen ihnen mit dieser Einladung ein großes Glück und eine große Ehre.»

Da erst entdeckte ich im Dunkel des Ganges den Pfarrer, der herzlich lachte. So begann auch ich zu lachen, wobei ich vor allem Marchas' Gesicht anblickte. Danach wies ich der Nonne Stühle an.

«Setzen Sie sich, meine Schwester. Wir sind stolz und sehr glücklich, daß Sie unsere bescheidene Einladung angenommen haben.»

Sie nahm drei Stühle von der Wand, stellte sie ans Feuer und führte die drei Frauen hin; sie half einer jeden, sich zu setzen, nahm ihr Stock und Umhang weg und versorgte sie in einem Winkel. Dann deutete sie auf die erste, eine magere Frau mit einem mächtigen Bauch, die bestimmt wassersüchtig war.

«Das ist *Mère* Paumelle, deren Mann von einem Dach zu Tode gestürzt und deren Sohn in Afrika gefallen ist. Sie ist zweiundsechzig Jahre alt.»

Darauf wies sie auf die zweite hin, eine lange Gestalt, deren Kopf von unaufhörlichem Zittern befallen war:

«Und diese hier ist *Mère* Jean-Jean; sie ist siebenundsechzig und beinahe blind; sie verbrannte sich das Gesicht bei einer Feuersbrunst und zur Hälfte auch das rechte Bein.»

Endlich zeigte sie uns die dritte, eine Art Zwergin mit runden, vorquellenden Augen, die sie blöde nach allen Seiten hin rollte.

«Und das hier ist die schwachsinnige Putois. Sie ist erst vierundsechzig.»

Ich begrüßte die drei Frauen, als hätte man mir

königliche Hoheiten vorgestellt. Dann wandte ich mich an den Pfarrer.

«Sie sind ein wertvoller Mensch, Herr Pfarrer, wir schulden Ihnen alle großen Dank!»

Alles lachte, außer Marchas, der wütend schien.

«Unsere Schwester Saint-Benoît, es ist serviert!» rief plötzlich Karl Massouligny.

Ich ließ sie vor dem Pfarrer eintreten. Dann hob ich *Mère* Paumelle von ihrem Sitz, nahm sie beim Arm und schleppte sie ins anstoßende Zimmer; nicht ohne Mühe, denn ihr aufgedunsener Leib schien schwerer als Eisen.

Der dicke Ponderel kümmerte sich um *Mère* Jean-Jean, die nach ihrer Krücke jammerte. Der kleine Joseph Herbon geleitete die schwachsinnige Putois in das von Bratenduft erfüllte Eßzimmer.

Kaum saßen wir vor unsern Tellern, klatschte die Schwester dreimal in die Hände, und die Frauen schlugen mit der Präzision von Soldaten, die ihre Waffen präsentieren, ein rasches Kreuz. Dann sprach der Priester langsam die lateinischen Worte des *Benedicete*.

Man setzte sich, und die beiden Hühner erschienen, aufgetragen von Marchas, der servieren wollte, um nicht als Gast an diesem lächerlichen Mahle teilnehmen zu müssen.

Aber ich rief: «Rasch den Champagner her!»

Mit dem Knall eines Pistolenschusses sprang der Zapfen, und trotz dem Widerstreben des Pfarrers und der barmherzigen Schwester zwangen die drei Husaren die an ihrer Seite sitzenden Frauen, ihre gefüllten Gläser zu leeren.

Massouligny, der die Gabe hatte, sich überall zu Hause zu fühlen und mit allen gut Freund zu sein, machte Mère Paumelle auf die drolligste Weise den Hof. Die Wassersüchtige, stets guten Mutes trotz all ihrer Übel, ging darauf ein und antwortete ihm mit ihrer Falsettstimme, die verstellt schien. Sie lachte so laut über die Neckereien ihres Nachbars, daß ihr großer Bauch bereit schien, sich zu heben und über den Tisch zu rollen. Der kleine Herbon hatte sich ernstlich vorgenommen, die Schwachsinnige trunken zu machen, und der Baron d'Etreillis, der kein leichtes Gemüt hatte, fragte die Jean-Jean über ihr Leben, ihre Gewohnheiten und die Spitalordnung aus.

Die entsetzte Nonne schrie plötzlich Massouligny zu:

«Oh, oh! Es wird ihr nicht gut tun, machen Sie sie nicht so zu lachen, ich bitte Sie, Monsieur, oh, Monsieur!»

Dann erhob sie sich und warf sich über Herbon, um ihm ein volles Glas zu entreißen, das er jedoch blitzschnell zwischen die Lippen der Putois goß.

Der Pfarrer krümmte sich vor Lachen und sagte immer wieder zur Schwester:

«Lassen Sie doch, dieses eine Mal wird es ihnen nicht schaden, lassen Sie doch!»

Nach den drei Hühnern wurde die mit drei Tauben und einer Schwarzdrossel garnierte Ente gegessen. Dann kam die dampfende, goldene Gans an die Reihe, die einen heißen Duft von gebratenem und fettem Fleisch verbreitete.

Die Paumelle, ganz erregt, klatschte in die Hände; die Jean-Jean antwortete nicht mehr auf die zahlreichen Fragen des Barons, und die Putois stieß ein Grunzen der Freude, halb Schreien, halb Stöhnen aus, ähnlich kleinen Kindern, denen man ein Bonbon zeigt.

«Gestatten Sie, sagte nun der Pfarrer, daß ich mich um dieses Tier bemühe? Ich verstehe mich wie keiner auf solche Operationen.»

«Gewiß, Herr Pfarrer.»

Und die Schwester sagte:

«Könnte man nicht ein wenig das Fenster öffnen? Sie haben zu warm. Sie werden bestimmt krank werden.»

Ich rief Marchas zu:

«Öffne einen Augenblick das Fenster.»

Er machte es auf, und die kalte Luft von draußen strömte herein, ließ die Kerzen flackern und den

Dampf der Gans zu einer Spirale aufsteigen. Der Priester, eine Serviette um den Hals, löste kunstgerecht die Flügel.

Wir schauten ihm zu, gefesselt von dem verlokkenden Tun seiner Hände, ergriffen von neuem Appetit beim Anblick des großen, golden glänzenden Tieres, dessen Glieder nun eins nach dem andern in die braune Sauce auf dem Grunde der Schüssel sanken.

Da – mitten in die erwartungsvolle Stille erscholl durch das offene Fenster der ferne Knall eines Schusses. Ich fuhr so rasch auf, daß mein Stuhl rücklings umfiel; und ich schrie:

«Zu Pferd, alles zu Pferd! Du, Marchas, nimmst zwei Mann und gehst rekognoszieren. Ich erwarte dich hier in fünf Minuten.»

Während die drei Reiter im Galopp davonsprengten, warf ich mich an der Vortreppe mit den beiden andern Husaren in den Sattel, indes die verstörten Gesichter des Pfarrers, der Schwester und der drei Frauen am Fenster erschienen. Man hörte nichts mehr, nur vom Lande her fernes Hundegebell. Der Regen hatte aufgehört; es war kalt, sehr kalt. Bald vernahm ich wieder den Galopp eines Pferdes, eines einzigen Pferdes, das zurückkehrte.

Es war Marchas. Ich rief ihm zu:

«Nun?»

«Nichts», antwortete er. «François hat einen alten Bauern verletzt, der sich auf das «Wer da» zu antworten weigerte und trotz dem Befehl anzuhalten, weiterlief. Übrigens bringen sie ihn her. Wir werden ja sehen, was los ist.»

Ich befahl, die Pferde in den Stall zu bringen und schickte den andern zwei Soldaten entgegen. Darauf kehrte ich ins Haus zurück. Dann holten der Pfarrer, Marchas und ich eine Matratze und brachten sie in den Salon, um den Verwundeten darauf zu betten. Die Schwester zerriß eine Serviette und begann Scharpie zu zupfen, während die drei Frauen in einem Winkel beisammen saßen.

Bald vernahm ich vom Straßenpflaster her Säbelgeklirr. Ich nahm eine Kerze, um den zurückkehrenden Männern zu leuchten. Sie tauchten auf mit ihrem reglosen Etwas, so weich, lang und unheimlich wie der menschliche Körper eben wird, wenn das Leben ihn nicht mehr stützt.

Man legte den Verletzten auf die für ihn bereit gehaltene Matratze. Ich sah auf den ersten Blick, daß es ein Sterbender war. Er röchelte und spuckte Blut, das ihm aus den Mundwinkeln rann und bei jedem Aufstoßen vom Munde weggespien wurde. Der Mann war ganz davon bedeckt. Seine Wangen, sein Bart, seine Haare, sein Hals, seine Kleider schienen damit eingerieben, in einem Bottich voll roter Flüssigkeit gewaschen worden zu sein. Dieses Blut war auf ihm geronnen, war trüb und mit Straßenkot vermischt; es war furchtbar anzusehen.

Der Greis, in einen wollenen Hirtenmantel gehüllt, schlug ab und zu seine düstern, erloschenen, gedankenlosen Augen auf; sie schienen stumpf vor Staunen, wie die Augen von Tieren, die vom Jäger getroffen, zu seinen Füßen liegen und ihn, schon halb tot, dumpf vor Verwunderung, anblicken.

Der Pfarrer rief:

«Ach, das ist doch Père Placide, der alte Hirte der Mühlen. Er ist taub, der Ärmste, er hat nichts gehört. Mein Gott, nun haben sie diesen Unglücklichen getötet.»

Die Schwester hatte Bluse und Hemd des Mannes zurückgeschoben und betrachtete mitten auf der Brust das kleine, violette Loch, das nicht mehr blutete.

«Da ist nichts mehr zu machen», sagte sie.

Der Hirte, schrecklich keuchend, spuckte bei jedem seiner letzten Atemzüge immer wieder Blut. Man hörte in seiner Brust und tief in seinen Lungen ein unaufhörliches, unheimliches Gurgeln.

Der Priester, der oben am Lager stand, hob seine rechte Hand, schlug ein Kreuz und sprach mit langsamer und feierlicher Stimme die lateinischen Worte zur Waschung der Seelen. Bevor er sie beendet hatte, wurde der Greis von einem leichten Schütteln ergriffen, als sei etwas in ihm entzwei gegangen.

Er atmete nicht mehr. Er war tot.

Als ich mich umwandte, erblickte ich ein Schauspiel, das viel erschreckender war als der Todeskampf des Elenden. Die drei alten Frauen standen, eine häßlicher als die andere, dicht aneinander gedrängt, beisammen; ihre Züge waren verzerrt vor Angst und Grauen.

Ich näherte mich ihnen; da stießen sie gellende Schreie aus und versuchten zu fliehen, als wollte ich sie ebenfalls ermorden.

Die Jean-Jean, deren verbranntes Bein sie nicht mehr trug, stürzte längelang zu Boden.

Schwester Saint-Benoît verließ den Toten und lief zu ihren Schützlingen. Ohne ein Wort für mich, ohne einen Blick, hüllte sie die Frauen in ihre Umhänge ein, reichte ihnen die Stöcke, drängte sie zur Türe und verschwand mit ihnen im Dunkel der Nacht.

Ich begriff, daß ich sie nicht von einem Husaren begleiten lassen durfte, denn schon das Geräusch eines Säbels hätte sie zutiefst verstört.

Der Priester betrachtete immer noch den Toten. Als er sich mir endlich zuwandte, sagte er:

«Ach, wie häßlich ist das!»

13. Januar 1887

(Unbekannter Autor)

IN DIESER NACHT, DER SEL'GEN NACHT...

In dieser Nacht, der sel'gen Nacht,
ward uns ein Kind geschenkt
von einer Jungfrau wunderbar.
Uns ward geboren Jesu Christ!
Weihnacht! Weihnacht! Weihnacht!

Laßt preisen uns Jesu Geburt,
des Retters unsrer Welt.
Er, der zu unsrem Heile kam,
ward Fleisch von unsrem Fleisch.
Weihnacht! Weihnacht! Weihnacht!

Und wie von den Propheten schon,
so ward er auch von Gott
verkündet durch der Engel Mund.
Lob seiner Göttlichkeit!
Weihnacht! Weihnacht! Weihnacht!

(um 1655)

Jehan Chaperon

IN BETHLEHEM, EINER STADT IN JUDÄA...

In Bethlehem, einer Stadt in Judäa,
ward uns geboren Christ, der Erlöser,
der Menschen wahrer und einziger Herrscher,
auf daß ein jeder an ihn glauben möge.

Die Hirten, die Schafe weidend im Felde,
sie hörten den Engel des Paradieses,
der ihnen befahl, nach seinen Worten,
die Herden zu lassen auf ihrer Weide:

«Denn Gottes Sohn ist geboren aus einer
Jungfrau zu Bethlehem, gehet ihn suchen.»
Da machten die Hirten sich auf und liefen
hinein in die Stadt, zu hören die Botschaft.

Sie fanden in einem ärmlichen Stalle
den lieblichen Jesus und auch den Joseph,
den treuen und alleinigen Beschützer
der liebenswerten Gattin und Gefährtin.

Der gute Robert gab dem kleinen Gotte
den Dudelsack, und Theobald, großherzig,
bot ihm sein kleines Horn, das schön gewundne,
mit dem er sich im Feld die Zeit vertrieben.

Als nun die Hirten endlich ihre Gaben
verschenkt, kam eine Hirtin her und brachte
Jesus, dem Gottessohne, ein gar schönes
und feines Hütchen aus Lavendelblüten.

Dann gingen froh sie hin, Abschied zu nehmen
von jener Wöchnerin und ihrem Kinde;
und ohne Kummer, Schmerz und Sorge kehrten
sie wiederum zurück zu ihren Herden.

Drei Könige, erlauchter Abkunft sahen
zu jener Zeit in ihrem Lande einen
prachtvollen Stern, der alle überstrahlte,
und der sie drängte, sofort aufzubrechen,

Sie folgten diesem Stern wie einem Führer
bis in Herodes' Reich, des grausen Königs . . .
Die Pracht des Aufzugs dieser Fürsten füllte
sein Herz mit eitel Wonne und Vergnügen.

Und doch bemühte sich der falsche König,
vorsichtig bald, bald wütend zu erkunden,
wohin die Reise ginge, um von ihnen
bestimmte Nachricht endlich zu erfahren.

«Wir haben», sagten sie, «in unsern Ländern
erschaut ein Zeichen, das uns offenbarte,
ein König sei in diesem Land geboren,
ein wahrer Freund des Friedens, nicht des
Krieges.

Herodes ließ darauf all seine Weisen
in den Palast berufen und erklärte,
auf den Bericht der Könige hin seien
die Wege von Mychäa zu durchsuchen.

Dann bat er die drei Fürsten unter Flehen
und falschem Wort zu ihm zurückzukehren;
denn er selbst wolle, sagte er, anbeten
den neuen König und auch seine Mutter.

Den Königen jedoch befahl ein Engel
durch andre Orte ihren Weg zu nehmen,
weshalb Herodes sogleich allen kleinen,
unschuld'gen Kindern ihren Tod androhte.

Singt Weihnachtslieder, jeder sing zum Preise
Mariens, ihres vielgeliebten Sohnes
und bitte ihn mit vorgefaßtem Worte,
vor einem schlimmen Tod uns zu bewahren.

(*Volkslied*)

MIR WAR, ICH HÖRTE EINEN ENGEL SINGEN...

Mir war, ich hörte einen Engel singen...
«Nacht ist es», sang er; «gegen Mitternacht
gebar die heil'ge Jungfrau uns ein Kind.»

Nun geh ich durch die Scheune, und ich sehe
ein Öchslein, hingestreckt; ein Maultier auch,
die kauten allebeide.

Ich dringe tiefer noch in diese Scheune
und finde hier die Jungfrau und das Kind,
armselig allebeide.

Den Mantel mit dem Büßerhemd vertauschend,
werf ich der Jungfrau über und dem Kind,
armselig allebeide.

Bei diesem Tun, da traten ein drei Fremde,
an Myrrhen reich, an Räucherwerk und Gold,
und fielen vor dem Kinde nieder.

Der eine gab ihm Gold, der andre Myrrhen,
Weihrauch der dritte, und dann kehrten sie
lobsingend heim in ihre Länder.

Jehan Le Povre Moyne

ZWISCHEN OCHS UND ESEL

Zwischen dem Ochsen und dem Esel näherte sich der Hammel... Und die zur Krippe kamen, sahen nur diese Tiere. Nur daran glauben wir seit zweitausend Jahren.

Welcher Irrtum, meine Kleinen, welcher Irrtum! Zwischen den Füßen des Hammels gab es eine Maus, eine grüne Maus... Über dem Ohr des Esels gab es eine Mücke. Und auf dem Auge des Ochsen eine Motte. Was kann ich da machen? Es war so. Auf einem Balken da oben verbarg sich ein Zaunkönig. In der Vertiefung der Mauer eine rote Eidechse. Auf der blauen Fensterscheibe eine Fliege. In der Ecke des Stalles – denn es war ein Stall, alle Menschen haben es vergessen! – eine Spinne.

Beim ersten Lächeln des Kindes, das ein Strahl der Hoffnung, der Vergebung und der Freude für die Welt war, berührte sein Abglanz das kleine Spinngewebe. Es wurde zum Stern!

Die Engel selbst hatten noch nicht gesungen, als in der Höhlung der Krippe schon die Grille zirpte. Ihr Lied gefiel der Jungfrau Maria, aber der heilige Joseph fürchtete, daß es das Kind aufwecken könnte. Er beugte sich nieder... Auf der wollenen Windel saß ein Floh! Er drückte seinen dicken Finger darauf, und – das Kind machte es ihm später sanft zum Vorwurf, als es sprechen gelernt hatte – der heilige Joseph zerbrach dem armen Flöhchen zwei Füßchen. Sie hinken alle seit jener Zeit. Wußtet ihr das nicht?

Es waren da... aber ich fühle es wohl, daß ihr mir nicht glauben werdet, denn ihr habt die Legenden nicht mehr gern, und ihr seid mißtrauisch, daß man euch welche erzählen könnte. Und doch waren die Ameisen da. Ein Maulwurf unten an der Mauer. Ein goldener Frosch und eine brave alte Kröte saßen ganz still unten vor der steinernen Schwelle. Eine Biene – es war milde in jener Nacht – was sage ich: eine Biene? Sie war Königin, und der Schwarm folgte ihr! Küchlein unter den Glucken zerknackten ihre Eierschalen, und der Hahn krähte.

Es war kein Hahn da? Laßt uns sehen! Und der, welcher dreimal kikerikit hat, um dem heiligen Petrus zu sagen, daß er log? Ein Beweis, daß er da war... Also waren sie auch da, die anderen guten

Tiere vom Hühnerhof? Aber ja! Und alle Nachtvögel! Und alle Schmetterlinge vom Himmel, die Raupen, was weiß ich... die Mistkäfer... die Katzen sicherlich, die Hunde auch! Nur die Fische waren überhaupt nicht dabei. Davon sind sie, mit Verlaub zu sagen, für ihr ganzes Leben mit offenem Maul geblieben. Und doch bin ich dessen nicht gar zu sicher. Ich glaube, daß der kleine Hausknecht aus der Herberge, wo Joseph und Maria um Gastfreundschaft gebeten hatten, Goldfische züchtete.

Warum ich euch das erzähle?

Ach, das ist sehr schwer zu erklären. Die Mysterien, so etwas erklärt sich nicht gut...

Ich habe es von meinem Großvater, der Hirte war, der in den Sternen las und der das alles auswendig wußte, ich habe es von meinem Großvater, daß in jener Mitternacht das Jesuskind ein Zeichen machte und nur für die Tiere murmelte: «Die Menschen werden immer glauben, daß ihr nur unvernünftiges Vieh seid, aber wahrlich, wahrlich, ich sage euch, sie werden vielmehr euch gleichen...»

Werdet ihr jetzt verstehen, warum man schon seit zwei Jahrtausenden rings um die Krippe hübsche Lämmchen findet, musizierende Grillen, arbeitsame Bienen, Schwalben als Botinnen des neuen Lenzes, friedliche, gute Ochsen, Ameisen mit schönen Tugenden, Schmetterlinge, leichtfertig wie die Träume, unglückliche Kröten, die von manchen Menschen verabscheut werden, wo sie doch nie jemand etwas Böses getan haben!

Die Kamele?

Die Kamele sind erst später gekommen mit ihren Buckeln so groß wie Glasballons...

Außerdem sind sie nicht geblieben...

Während die Esel...

(Kinderlied)

KLEINER JESUS, KIND MARIAS...

I

Kleiner Jesus, Kind Marias,
komm, komm wohne doch bei uns!
Hör, mein Vater bittet dich,
meine Mutter sorgt für dich.

II

Meine Schwester singt bezaubernd,
singt allnächtlich dich in Schlaf.
Sollte dich mein Bruder wecken,
trifft ihn seines Vaters Straf.

Francis Jammes

CHRISTI GEBURT

Durch Ochs und Esel, durch Dunkel und Stroh,
durch die Armut, der man zu schwinden befiehlt,
durch all die Gebornen, auf deren Grab
ein Strauß nur von Reif wie Taubenflaum lag;
durch die Tugend, die ringt, und die, die erliegt,
durch sie, Maria, grüße ich dich!

Volkslied

ZWISCHEN DEM ESEL UND DEM ÖCHSLEIN...

I

Zwischen dem Esel und dem Öchslein
wollte Jesus, unser Meister,
in einem kleinen Stalle
O Weihnacht! Weihnacht!
in der armen Welt erscheinen.
O Weihnacht! Erste Weihnacht!

II

Kein Bettchen, keine Wiege
fand sich an diesem Orte,
nicht eine kleine Windel,
O Weihnacht! Weihnacht!
zu hüllen ihn, zu betten.
O Weihnacht! Erste Weihnacht!

III

Zu dieser Zeit, da fror es,
zur Rechten und zur Linken,
der Wind fuhr durch die Stätte
O Weihnacht! Weihnacht!
als wie durch Gartenzäune!
O Weihnacht! Erste Weihnacht!

IV

Jesus, das sanfte Lämmchen,
er wollte so erscheinen,
um an sich selbst zu zeigen,
O Weihnacht! Weihnacht!
wie arm wir werden sollten.
O Weihnacht! Erste Weihnacht!

V

Flehn wir mit reinem Herzen
zu ihm, daß er erkenne,
das Gute, das wir taten
O Weihnacht! Weihnacht!
und setz uns sich zur Rechten.
O Weihnacht! Erste Weihnacht!

(16. Jh.)

STATT EINES NACHWORTES

Marguerite de Navarre

EIN SPIEL VON DER GEBURT CHRISTI ZU BETHLEHEM

Joseph

Nun, da wir, Freundin, an der Stätte sind,
der wir entstammen, sei Gott Lob gebracht.
Es ist schon spät, die Nacht ist eingebrochen.

(er erblickt den ersten Wirt)

Gehn wir voran, ich sehe Feuer dort.
Hat diese Herberg ein mitfühlend Herz,
so werdet Ihr wohl menschlich dort empfangen.

(im Gehen)

Ihr Herrn, er, der da Leben gibt und nimmt,
sei Euch zum Heile und zu Eurem Trost.
Wär's Euch gefällig, aus Erbarmen uns
Nahrung und Rast in Eurem Haus zu geben?

Der erste Wirt

Den reichen Leuten möchte gern ich dienen,
denn mein Gewerbe und mein täglich Amt
ist sammeln, immer sammeln, Gold und Silber.

Damit allein verbring' ich meine Zeit.
Reich will ich sein, nur danach geht mein Sinnen.
Den Armen hasse ich, die Armut auch.
Ich lieb den Reichen, da er meinesgleichen;
von ihm erwart' ich Ehre und Gewinn.
Geht, Freunde, geht, für euch bin ich zu teuer,
mein Haus ist voll von einem reichen Mann.

Joseph

So gehen wir. Almosen gibt's hier nicht.
O Nächstenliebe, die die Seele läutert,
nur selten findet man im Herzen dich
des reichen Mannes, herrscht nicht Gott darin.
Doch da ist einer, seht, der wahrlich mir
recht gut erscheint: Barmherzigkeit, mein Herr,

(er wendet sich dem zweiten Wirt zu)

Könnt Ihr mich und mein Weib wohl unterbringen
in Eurer Herberg? Wißt, die arme Frau
ist ihrer schweren Stunde nahe.

Der zweite Wirt

Hier gibt es wirklich keine Unterkunft;
ein Freund von mir, und kein geringer Mann,

nahm hier Quartier und bringt mir hohe Ehr.
Mein Gasthaus ist kein Ort für Volk wie ihr!
Was bringt ihr anderes als Läuse mir!
Nur Fürsten, Könige, die seh ich gern,
und unentgeltlich ist ihr Aufenthalt.
Denn seht, durch ihre Hilfe hoffe ich
mir zu erwerben Würden allerhand.
Nein, Leute eurer Art sind nichts für mich.
Mit meiner Herberg kann ich euch nicht dienen;
euch zu empfangen brächte mir nur Schande.

Joseph

Lebt wohl, Herr. Wenn der Mensch von Stolz
da hat die Demut ausgespielt, und er [besessen,
vermag den Kleinen nicht mehr zu empfangen;
doch jener, der da einen der Geringen
verschmäht, um groß zu sein, der täuscht sich selber;
denn keiner wird sich je erhöhen können,
der einmal nicht Erniedrigung erfuhr.

(erblickt den dritten Wirt)

Der dort scheint mir ein gut Gesicht zu haben.
Doch laßt ein wenig uns sein Herz erproben…
Sagt an, mein Herr, ob Ihr für diese Nacht
mein Weib und mich hier unterbringen könnt?

Der dritte Wirt

Das kann ich nicht. Ihr bittet mich umsonst.
Ich habe feine Leute einquartiert,
die hier die Nacht beim Wein verbringen wollen.
Nicht Dunkel, nicht tiefste Finsternis,
verhindern uns, sie festlich zu genießen.
Ein köstlich Leben wollen wir hier führen,
bei Tanz und Spiel, mit Frauen und Bankett,
bei tausenderlei lustigem Geschwätz.
Wir brauchen keine jämmerlichen Leute,
sucht anderswo euch, Freunde, eine Stätte.
Wenn ihr im Tanze euch nicht drehen könnt,
so wendet euch an einen andern Ort.
Solch brave Leute nehmen wir nicht auf.
Ihr Anblick schon beleidigt unser Aug.

Joseph (weitergehend)

So lebt denn wohl. O, wie die Lust der Sinne
die arme Welt bestrickt und sie verblendet;
und so, der wahren Einsicht sie beraubend,
entzieht sie ihr zugleich die hohe Weisheit.
O Salomo, Ihr habt weissagt, daß niemals
in einer Seele, wo dies Laster herrscht,
die hohe Weisheit einzugehn vermag.
Laßt uns denn weitergehn, und Gott wird uns,
wo immer es ihm paßt, Wohnstatt bereiten.

Maria

Joseph, Ihr wißt, hienieden ist kein Ort,
an welchem Gott nicht gegenwärtig wäre,
kein Ort, der nicht voll Licht ist, voller Freude.
Empfangen froh wir, was dem Leib er schenkt.
Laßt uns mißachten jeden äußern Schein.

Joseph
(der Stadt zuschreitend)

Ich geh in diese Stadt, uns zu versehen
mit allem, was des Lebens Not erheischt.

Maria

Geht, geht, mein Freund, Ihr laßt mich nicht allein;
denn wo Gott ist, bin ich in guter Hut.
So herrlich ist des ew'gen Vaters Güte,
daß sie ein Sterblicher nicht zu erkennen,
zu fassen nicht vermag, noch zu begreifen.
Doch Liebe will, daß nicht verschwiegen werde
das Gute, das du deiner Magd erwiesen,
ich müßte sonst für undankbar mich halten.
O Gott der Liebe, der entflammt und schüret
die harten Herzen, die die Liebe bricht,

Dank dir, daß du zur Mutter deines teuren
und vielgeliebten Kindes mich erwählt.
– – – – – – – – – – – – – – – – – – – –
– – – – – – – – – – – – – – – – – – – –

Maria

Mein Freund, nun müssen beide wir zusammen
das zarte Kindlein einzuhüllen suchen,
denn diese Nacht ist etwas kühl.

Joseph

Solch eine Mühsal ist mir Freude.
Doch, um ein wenig Licht zu schaffen,
will diese Lunte ich entzünden,
auch jene Bresche dort verstopfen,
sobald ich wieder daran denke…
Doch, wo betten wir das Kind? In der Krippe?
Ein bess'rer Ruheplatz ist wohl nicht zu finden.

(um 1539)

QUELLENHINWEIS UND DANK

Der Herausgeber dankt folgenden Autoren, Übersetzern und Verlagen für die freundlich gewährte Abdruckgenehmigung:
Dem Union Verlag in Berlin *(Jehan Le Povre Moyne, übertragen von Adelgard Lezius).* Dem Verlag Jakob Hegner in Köln *(Charly Clerc).* Dem Verlag Jakob Hegner in Köln und der Edition LUF in Fribourg *(Francis Jammes und Paul Claudel).*
Die Übersetzung der Texte von Blaise Cendrars und Charles-Albert Cingria, von denen im Arche Verlag mehrere Werke in deutscher Sprache in Vorbereitung sind, besorgte Hannelise Hinderberger. Der Text von Frédéric Mistral wurde von Ursula von Wiese, die Erzählung von André Theuriet von Nikolaus Hein übersetzt, die Erzählungen von Alphonse Daudet wurden von Rudolf Weckerle übertragen. Alle übrigen Texte hat Hedwig Kehrli übersetzt.